서문문고
SEOMOONMOONGO
010

황혼의 이야기

S. 츠바이크 / 박찬기 옮김

서문문고
010

황혼의 이야기(외)

슈테판 츠바이크 지음
박 찬 기 옮김

※ 황혼의 이야기(외)

차 례

해 설 ··· 7

모르는 여인의 편지 ································ 25

마음의 파멸 ··· 115

황혼의 이야기 ······································ 185

해 설

츠바이크의 인간과 작품

박 찬 기

슈테판 츠바이크(Stefan Zweig, 1881~1942)는 오스트리아의 수도 빈(Wien)에서, 유태계의 부상(富商)의 아들로 출생, 일찍이 문필(文筆)에 재주가 뛰어나 17세 때에 이미 보들레르를 탐독하고, 23세 때에 처녀 시집(處女詩集) ≪은(銀)의 현(鉉)(Silberne Saiten)≫외에 두 권의 창작집을 발표하였다. 그후 그는 시·소설은 물론, 희곡(戲曲)·평론(評論)·전기(傳記)·번역(飜譯) 등의 여러 방면에서 재필(才筆)을 발휘하여 그가 남긴 원고의 매수(枚數)만도 20만 매를 넘는다고 한다. 그는 개인적으로도 토마스 만·헤세·카로사 등 독일의 일류 문인들과 친교가 있었을 뿐만 아니라, 앙드레 지드·발레리·로맹 롤랑·베라렝 등 외국 작가들과도 친히 사귀어서 그들의 전기(傳記)를 쓰고, 그들의 작품을 독일어로 번역하였다. 그는 또한 여행을 좋아하여 반평생을 세계 편력에 소비하였으며, 유럽의 각 나라를 위시하여 인도·중국·아프리카·캐나다 등 거의 안 다닌 데가 없었다(그의 여행벽은 여기 번역된 <모르는 여인의 편지>와 <황혼의 이야기>에도 나타나 있다). 그후 제2차 세계대전이 시작된 다음에는 나치스의 박해를 받아 남미(南美)에 피난을 갔다가 그곳에서 젊은 부인과 함께 자살하고 말았다.

 토마스 만은 그를 가리켜 "아마 에라스무스 시대 이래로, 전세계에 그 이름을 가장 널리 떨쳤을 작가"라고 하였는데, 사실 그의 작품은 널리 전세계에 읽히고 영화화 되기도 했으며, 각국에서 들어오는 인세(印稅)로 보아도 독일의 현대 작가로서는 최고였다고 한다. 그런데 그가 토마스 만이나 헤세에 비하여 우리에게 비교적 적게 알려져 있는 이유를, 한편으로는 절대 자유주의자이며 반전주의자(反戰主義者)인 그가 나치스에 쫓기고 있었다는 점과, 또 한편으로는 그의 작풍(作風)이 프랑스 소설의 기교(技巧)를 연상시키는 대중성과 사상의 희박성에 있음을 지적하는 축도 있다. 사실, 독일의 전통적인 만이나 카로사 등의 심각한 내면 추구에 비추어 그가 이단적으로 보이는 것은 무리가 아닐 것이다. 그러나 그는 그것과는 좀 선이 다른 오스트리아의 슈니츨러나 호프만슈탈의 계통을 이어받아 빈의 정서를 되살려서 프로이트적 심리분석의 방법으로 독자적 관계에 기초를 두어, 정서적이며 유미적(唯美的)으로 에로스와 정열을 교묘하게 그려내기 때문에 독자로 하여금 넋을 잃고 그 작품 속에 이끌려 들어가게 하는 독특한 매력을 지니고 있다. 이와 같은 흥미진진한 그의 작풍이 그를 대중적 작가로 만든 것이지만, 그의 특색은 오히려 조그마한 일에 담겨진 특수한 인간성의 국면을 해부하면서 그 속에서 그의 본질적인 인류애를 발휘하고, 고도로 세련된 지성과 숭고한 정신을 엿보여 주는 것이다. 무엇보다도 그가 죽은 지 수십 년이 지난 현재에 있어서 본국인 서독에서는 물론, 전세계를 통해 점점 더 많은 독자를 흡수시켜 가고 있다는 사실은, 그가 단순한 대중작가나 한 때의 인기 작가가 아니었다는 것을 웅변으로 증명하는 것이다.

츠바이크의 섬세하고 예민한 감각이 포착하는 것은 우선 모든 위대한 것, 아름다운 것이었다. 그의 인류에 대한 애정과 세계에 대한 관심은 그러한 모든 것을 남달리 느끼고, 또 그것을 재현하지 않고는 못배기게 한 것이다. 그래서 그의 시(詩)나 소설에 못지않게 그를 유명하게 한 것이 그의 전기(傳記)이며 사화(史話)였다.

그의 유명한 사화집(史話集)인 ≪운명의 별이 빛나는 순간(Sternstunden der Menschheit)≫은 유구한 역사 가운데 섬광처럼 반짝이는 순간을 캐치한다. 그것은 수백만 수억의 인류 가운데서 위대한 한 사람이 담당하는 역사적 사명이며, 수천만 시간 속에서 꼭 한 번 번개처럼 비치는 결정적 시간인 것이다. 세계사를 변경시킨 나폴레옹의 워털루의 패배가 어떠한 조그마한 계기로 어떻게 이루어졌는가를 그리는가 하면, 74세의 노 괴테가 마리 엔바더라는 17세의 젊은 처녀를 열렬히 사랑하며 구혼하던 것을 묘사하고, 그것이 빚어내는 결과로서 시성 괴테의 문학에 끼친 영향을 밝혀 준다. 또한 젊은 도스토예프스키에 있어서 확정된 총살형이 어떻게 위기일발로 모면되는가를 눈 앞에 보여 주는 등, 세계사적인 찰나가 시인 츠바이크의 붓 끝에서 찬연히 빛을 발하고 있다. 그러나 그는,

"이와 같은 역사적 사실을 나는 결코 내 자신의 주관으로 채색한다든지 과장한다든지 하지는 않는다. 왜냐하면 숭고한 순간에 있어서의 역사는 그 자체로 완성되고, 무결(無缺)한 모습을 가지고 있기 때문에, 나중에 거기에다 무엇을 첨가할 필요가 없는 까닭이다. 역사가로서, 시인으로서, 창작가로서 당당하게 나설 때에 어떠한 작가도 그것을 능가하려고 해서는 안 되는 것이다."

라고 말한다. 그런데 어찌하여 우리는 아무런 채색도 과장도 하지 않는 츠바이크의 문장을 대하면 같은 역사적 사실에서도 한층 가슴 설레이는 감격을 느끼게 되는 것일까? 거기에는 츠바이크의 천재적인 재필보다 그 자신의 정신의 위대함과, 순수한 작가로서의 정열·감각이 숨겨져 있기 때문이라고 나는 생각한다. 그 점은 또한

그의 전기에서도 잘 나타나고 있다.

≪마귀(魔鬼)와의 싸움(Der Kampf mit dem Damon)≫은 그의 수많은 전기 중에서도 가장 대표적인 것이 아닌가 한다. 그 속에는 "하느님은 죽었다(Gott ist tod)"의 니체에 있어서 그 처참한 내면의 투쟁—dämonisch(魔鬼的)와의 투쟁—이 그가 발광(發狂)하기까지에 이르는 경로를 따라 기록되어 있으며, 괴테에게 월계관을 탈취하고자 야심에 불타는 귀재(鬼才) 클라이스트의 정열이 역시 하나의 'dämonisch'로 설명되어 있다. 꼭같은 유형으로, 횔더린의 영원한 방랑—어느 곳에서도 안정을 못 얻고, 정처없이 무한한 것을 찾아 헤매이게 하는 그 원동력도 '마귀적'이라고 이름 부른 것이다. 츠바이크는 그 마귀적이라는 단어의 개념을 크게 연역(演繹)하여 모든 인간에게 근원적으로, 본질적으로 내포되어 있는 불안·충돌·격정·예감·의욕 등을 모두 예속시킨다. 그는 인간을 사랑하기 때문에 동시에 인간의 성정(性情)인 'dämonisch'도 사랑한다.

"시민적이고 절도 있는 인간에 있어서는 그 마귀적인 것이 내부에서 마비되고 숨을 못 쉬고 있을 뿐이다.…"고 그는 그 책의 서문에서 스스로 말하고 있다. "그러나 모든 열정적인 인간, 정신적인 인간은… 숙명적으로 그 '마귀적'인 것과 싸우지 않으면 안 되는 것이다. …그런 의미에서 횔더린이나 클라이스트 및 니체는 프로메테우스(천상에서 생명의 불을 훔쳐 왔기 때문에 영원한 벌을 받고 있는 희랍 신화의 영웅)의 일족이다. 그들은 열화(熱火)의 힘을 가지고 생(生)의 한계를 꿰뚫고, 형태 있는 물건에 반기를 들고, 한도를 넘은 황홀경 속에서 자기 자신을 멸망하게 하는 것이다. 그들 눈에서 번쩍이는 것은 틀림없이 마귀의 이채(異彩)를 띤 안광(眼光)이며, 그의 입술에서 새어 나오는 것은 또한 모두 '마귀적'이다. 아니, 그 입술이 이미 다물어지고 그의 영혼이 날아간 다음에도 '데몬'은 그들의 파괴된 육체에 그대로 남아서 이야기하는 것을 그치지 아니한다."

이와 같이 츠바이크는 인간 정신 속에서 병적(病的)인 것, 광적(狂的)인 것을 관찰하면서 그 속에서 인간의 가장 본질적인 것을 추출하고, 순간적이며 특수한 경우를 그리면서 영원하고 보편적인 정신을 추구한다. 이 점이 바로 츠바이크의 가장 근본적인 태도이며, 그의 'däemonisch'에 대한 관점과 더불어 그의 소설(小說)을 이해하는 데도 대단히 밀접한 관계가 있기 때문에 여기 그의 소설에 대해 해설을 하기 전에, 약간 번잡한 감이 있는 것을 무릅쓰고 길게 인용한 것이다.

그밖에 츠바이크의 전기적 작품으로서 ≪3인의 거장(巨匠)(Drei Meister)≫(1920), ≪인생의 세시인(詩人)(Drei Dichter ihres Lebens)≫(1931)이 있는데, 전술의 ≪마귀와의 투쟁≫과 합하여 3부작을 이룬다.

그것은 ≪세계를 만드는 거장(Baumeister der Welt)≫이라고 이름 붙여져서 1935년에 다시 출판되었다. 그의 의도가 '정신의 유형학(類型學)'을 문학적으로 형성하는 데에 있었다는 것은 그 자신의 서문으로도 명백하거니와, 그 제1부인 ≪3인의 거장≫이 위대한 소설가 발작·디킨즈·도스토예프스키에 바쳐지고 제2작이 전술한 바와 같이 횔더린·클라이스트·니체에 대하여, 제3부인 ≪인생의 세 시인≫은 카사노바·스탕달·톨스토이의 특이한 인생 시인을 핵심적으로 붙잡으려고 한 것으로도 알 수 있는 바이다.

또한 재미나는 일은 그가 소설에 있어서도 그와 같은 시도를 하였으니, 그것은 '정신의 유형학'에 대한 '감정의 유형학'이라고 할 것이다. 츠바이크는 그것을 스스로 'Die Kette(사슬)'이라고 이름 지었는데 그 3부작 속에는 그의 주요한 작품 중·단편소설이 거의 다 들어 있다. 그것은,

≪최초의 체험(Erstes Erlebnis)≫(1911)
≪정열의 소설(Amok)≫(1923)
≪감정의 혼란(Verwirrung der Gefühle)≫(1926),
이상의 3권으로 되어 있는데 본서에 수록된 번역은 그 각 권에서, 각각 하나씩 대표적이라고 생각되는 것을 뽑은 것이다.

먼저 '아이들 나라에서의 네 가지의 이야기'라고 부제

목을 붙인 ≪최초의 체험≫을 살펴보면 맨 처음에 여기 역출(譯出)한 <황혼의 이야기>가 들어 있고 그밖에 세 개의 단편이 있다. 전체적으로 이 단편집에서는, 그 후의 두 개에 비하여 정적(靜的)이고 조용한 소년시절의 회고와 최초의 사랑에 눈뜬 동심의 경이·불안, 그리고 그 속에서의 섬세한 감각, 감미로운 육감(肉感)을 그리고 있다.

<황혼의 이야기>는, 작자가 어느 날 저녁 황혼 무렵에 환상적(幻想的)으로 본 어느 소년의 '첫사랑의 체험'에 대한 기록이다. 조용한 가운데 어둑어둑 저물어 가는 주위를 배경으로 하여, 이야기하는 작자의 기분과 이야기 자체의 내용이 어슴푸레하게 혼합되는 분위기는, 츠바이크의 세련되고 매력적인 문장력과 더불어, 읽는 사람으로 하여금 자기도 모르게 흐뭇한 황홀경 속으로 빠져 들어가게 한다. 자연 묘사와 심리 묘사가 서로 유기적으로 연관되어서 고도(高度)의 예술품을 이룬 듯한 이 작품은, 사실상 번역하는 데에도 예상외의 곤란을 당하였다. 그것은 그 내용이 어려워서가 아니라 그 기분, 그 문체〔Stil〕를 보다 비슷하게 재생시키기가 퍽 어려웠던 역자의 비재(非才) 때문이었다. 반면 스토리는 지극히 간단하다.

어느 소년의 체험—스코틀랜드의 친척집에서 한 해 여름을 묵게 된 그 소년은 어느 날 저녁, 어두컴컴한 황

혼 속에서 누군지도 모르는 날씬한 여성으로부터 기습적인 포옹과 키스를 당한다. 다음날도, 그 다음날도 그와 똑같은 사건을 계속적으로 같은 시간, 같은 장소에서 체험하고 난 소년은 여태까지 느끼지 못하였던 이상한 불덩어리가 가슴속에서 솟구쳐 나옴을 참지 못한다. '그 여자가 누구일까' 하는 호기심은 그 마음을 한층 더 부채질하여 병적인 경지에까지 이르게 한다. 고심 끝에 소년이 알아낸 여자는 사실은 그 밤의 여자가 아니고 그 여자의 언니였다. 그러나 그 무서운 착오를 알았을 때는 이미 소년의 불타는 정열이 그 언니에게로 쏟아져 가고 있어서 이제는 돌이킬 수 없는 처지가 되어 있었다. 모든 정성과 사랑을 바치며 다가오는 그의 동생에게는 그저 씁쓸한 동정의 마음이 있을 뿐, 소년의 사모는 한 곳으로 언니에게만 쏠리는 것을 누가 막을 수 있으랴! 사랑의 신비─소년은 동시에 '사랑하는' 고통과 '사랑받는' 고통을 맛보고 모든 정열을 한꺼번에 불태워 버린다. 소년기의 너무나 강렬한 그 인상은 그의 일생을 통하여, 두 번 다시는 진정한 정열에 몰두할 수 없게 만들어 버렸다.

그 다음 <여자 가정교사(Die Gouvernante)>·<불타는 비밀(Brennendes Geheimnis)>·<여름날의 사건(Sommernovellette)>의 세 편도 모두 자라나는 사춘기의 심리를 주제로 하고 있다. 여기서는 아직 아이들의 마음을 다루는 것이기 때문에 앞에서 말한 바와 같은 극단적인 것, 병적인 것은 나타나고 있지 않다. 여기에 나오는 정도의 기이한 행동이라든지 소년의 미묘한 심리변화, 마음의 고민 등은 오히려 정상적인 것—그것이 오히려 성인이 되기 위한 불가결의 경로—이 아닌가 생각된다. 물론 그것이 차후에 성장(成長)한 인간에게 어떠한 형태로서 나타날 것인지, 그것은 유형학적(類型學的)으로만은 해결되기 어려운 문제인 것 같다.

하여간에 제2부작인 ≪정열의 소설≫에서는, 인간 심리의 극단적인 면과 정열의 과격함을 보여 준다. 맨 처음에 나오는 <애욕(愛慾)의 바다(Amokläufer)>에서는 그 정열이 광조병(狂躁病) 환자로 나타나며, 그 다음의 <모르는 여인의 편지>에서는 그것이 끝끝내 보답되지 않는 여인의 매저키스틱한 애정으로 표현되고, <달밝은 거리(Die Mondscheingasse)>에서는 여자에게 버림받은 한 남성이 노예와 같이, 개[犬]와 같이 그 옆에 있기를 원하였으나 거절을 당하자, 마침내 그를 살해할 결심을 하기에 이르는 '마음의 파멸(破滅)'을 묘사한다. 이것은 다음의 ≪감정의 혼란≫과 연관되는 작품이라 하겠다.

제2부작 가운데 본서에 수록한 번역은 <모르는 여인의 편지>이다. 그것은 앞에서도 언급한 바와 같이 한 여성의 연정(戀情)이 처음으로 잠을 깨고, 자라나서 마

침내 극도로 불탄 다음에 아무 보답이 없이 혼자서 절망 가운데 죽어가는 이야기이다. 그 여자의 사모의 대상이 문학가인 것으로 보아, 여기서는 어느 정도 작자 자신의 신변을 모델로 한 것 같다. 여기서 문제가 되는 것은 끝끝내 자기의 사랑을 고백하지 않는 여인의 그 고집과 결백성에 있다.

하나의 격정(激情)이 살인을 범할 만큼 격심한 것을 포지티브로 본다면 그에 못지않는 격정이 네가티브로 표현된 것이 바로 <모르는 여인의 편지>의 여주인공의 경우라고 볼 수 있다. 그 여자는 어려서 사모한 호남(好男) 작가를 끝끝내 잊지 못하고 혼자서 애태운다. 처녀의 수줍음은 단 한 번의 애정표현도 못해 보고 문구멍으로만 그를 몰래 엿보고는 가슴 설레이며, 그의 곁을 지나가면서 뒷모습을 보고는 혼자서 감격한다. 혹시 빨다 버린 담배 꽁초라도 있으면 그것을 주워서 마치 보물이기라도 한 양 소중하게 간직한다. 사랑하는 사람의 입술에 닿았다는 이유에서이다. 그가 저작한 작품은 물론 모조리 사다가 몇 번이고 반복하여 읽어서 나중에는 자다가 잠꼬대를 할 정도였다. 그러나 그 여자는 결코 한 마디의 말도 하지 않는다. 심지어 어느 날은 거리에서 그 작가에게 밤의 여인으로 오인받아서 정조까지 바치고 그의 아이를 갖게 되지만, 그것조차 알리지 않는다. 갖은 고초를 겪으면서도 사랑하는 사람을 생각하는 즐거움과, 그의 분신인 어린아이를 유일한 낙으로 삼고 하루하루를 살아 나가며, 언젠가는 그에게 인식될 것을 기다린다. 그러나 끝내 자기 스스로 이야기를 하려고는 안 한다. 그 남자가 무엇보다도 자유를 좋아하고 어떠한 형태로서도 의무감을 느끼기를 싫어한다는 것을 잘 알고 있기 때문이었다. 그후 여자는 다시 한 번 그 남자와 하룻밤을 같이 지내는 기회를 가졌지만, 끝내 그는 그 여자를 옛날의 소녀로서 알아보지 못하는 것은 물론, 지난날의 거리의 여자로서도 인식하지 못하는 것이었다.

이상과 같이 사모하는 사람으로부터 끝내 인식되지 못하는 안타까움과 그것을 스스로 이야기하지 못하는 고집〔情熱〕을 안고, 그 여자는 단 하나의 귀여운 아들을 잃은 그날, 스스로 죽어가면서 유서의 형식으로 자기의 일생을 그와 같이 고백하는 것이다.(이상은 <모르는 여인의 편지>의 줄거리)

끝으로 제3부의 단편집 ≪감정의 혼란≫ 속에는 3편을 수록하고 있는데, 그 중 <어느 여인의 24시간>은 도박에 열중한 어느 청년과 교양 있는 어느 귀부인과의 사이에서 벌어지는 심리적 변화를 테마로 하여 24시간 안에 일어나는 과정을 극적으로 그려낸 것이다.

그 다음 <마음의 파멸(破滅)>은 본서에 번역하여 수록한 작품인데, 이것 역시 심리적으로 인간의 마음이 얼마나 쉽게 타격을 받아 파멸에 이를 수 있는가를 흥미

있게 펼쳐 나간 우수한 작품이다.

 60년 동안을 그저 한결같이 노력과 고생으로 상당한 재산을 모으고, 사랑하는 아내와 아름다운 외딸을 행복하게 해주는 것을 유일한 낙으로 삼아 오던 노인이, 어느 피서지에서 하루는 잠에서 깨어나 우연히, 자기의 딸이 어떤 남자의 침실에서 나오는 것을 목격하고는 의외로 심한 마음의 타격을 받는다. 그후로는 노인의 심정이 신경쇠약적으로, 자학적으로 급격한 변화를 일으키게 되는데, 젊은 아내와 딸은 조금도 그런 눈치를 모르는 채 사교와 댄스에만 몰두하여 사사건건 노인의 신경을 자극한다. 결국 노인은 병세가 악화되어 비참한 최후를 마친다.

 하나의 조그마한 계기가 인간의 정신에 끼치는 영향, 비정상적인 감정의 고조, 델리케이트한 인간과 인간과의 관계에 따르는 중대한 결과 등이 이 작품의 테마를 이루고 있다.

 끝으로 동(同) 소설집의 이름과 같은 제목의 단편 <감정의 혼란>은, 어느 유명한 대학교수의 동성애(同姓愛)를 취급하였다. 이것은 츠바이크의 다른 소설들과 좀 달리 고도(高度)로 지성적(知性的)인 인물을 주인공으로 등장시킨 것이 저자 자신의 경우를 많이 참작한 것 같다. 뛰어난 이성(理性)의 힘으로도 마음속에서 우러나오는 감정의 혼란을 억제하지 못하고 마침내 파멸의 일로(一路)를 걷게 되는 주인공의 모습은 어딘가 '데모니슈'적인 내면 충동에 못이기는 클라이스트나 횔더린과도 일맥상통하는 점이 있다.

이것으로 케테(Die Kette)라고 불리는 그의 3부작 속에 들어 있는 12편의 소설을 대략 설명하였다. 이 3부작 이외에 소설로는 <Die Augen des ewigen Bruders>·<Angst>·<Ungeduld des Herzens>·<Schachnovelle> 등이 그의 주요한 작품이라고 할 것이다. 모든 그의 작품 속에서 우리가 엿볼 수 있는 것은 전에도 언급한 바와 같이 결국 그가 추구하는 인간성—개인의 내면(內面)을 움직여서, 세계를 창조하는 충동을 일으키고야 마는 인간의 본질(本質)이다. 그는 그것을 마귀적이라는 인간 본성 속에서 보고, 주로 그것이 극단적인 어느 단면에서 나타나게 되는 것을 관찰한다. 츠바이크 자신이 ≪마귀와의 투쟁≫의 서문에서 밝힌 바와 같이 그 힘[=魔鬼的]이 원만한 조화(調和)를 유지하여 작용할 때는 적극적이고 건설적인 인력(引力)으로써—괴테 등에서와 같이—아름답고 거룩한 것을 만들어내는 작용을 하게 되는 것이다. 그것이 일단 궤도를 벗어날 때 격정으로 변하고 혼란이 오고 파멸로 떨어지기 일쑤이다. 그래서 츠바이크는 어떠한 비정상적인 인간이나 성정(性情)에 대하여도 동정과 동감을 가지고 임하게 되는 것이다.

그것은 또한 흔히 도덕적이고 순결한 부녀자들에게는 유혹이라는 형태로 나타난다.

"여인들은 긴 일생 동안에 몇 번이고 자신의 양식으로는 도저히 어찌할 수 없는 불가사의한 힘에 지배되는 것이다. 이 사실을 부인하려는 것은 자신 속에 있는 본능, 자신 속에 있는 데모니슈한 것을 감추려고 하는 것이다."

그리하여 츠바이크는 이성(理性)이라든지, 도덕(道德)이라든지, 의지(意志)라든지 하는 것보다 더 한층 근원적인 것으로써 자기의 데모니슈를 파고든다. 그리고 그것이 평범하고 건실한 사람에 있어서보다 병적이고 특수한 사람에 있어서, 일반적인 상태에 있어서보다 어느 특별한 찰나에서 노정(露呈)되는 경우를 분석하는 것이다.

그러면 이와 같이 데모니슈적인 것은 대개 어떠한 표현으로 나타나는 것인가. 츠바이크는 그것을 주로 인간의 애욕(愛慾)의 면에서 파악하려고 한다. 그가 에로틱한 제목을 많이 사용하고, 모든 사상(事象)을 에로틱한 면에서 분석·표현하는 경향도 이로써 이해할 수 있으리라 믿는다.

슈테판 츠바이크는 지금까지 이야기한 것처럼 애욕이 난무하고, 마귀가 도량(跳梁)하는 세계, 이성보다는 정열, 질서보다는 혼돈이 지배하는 경지, 인간 심리의 위기·범죄·초조… 그러한 것이 불꽃처럼 찰나적으로 타오르는 순간을 즐거이 묘사하였지만, 츠바이크 자신으로 말하면 그 성정이 지극히 온순하고, 세계와 인류를 무한히 사랑하며, 어디까지나 평화를 갈망하는 사람이었다는 것을 말하지 않을 수 없다. 토마스 만이 말한 바에 의하면 "마음이 한량 없이 좋은 호인"이었으며, 동시에 델리케이트한 성격의 소유자였던 것이다. 그리고 고국에서 추방당해—나치스에 의하여—방랑하는 중에도 같은 망명자 가운데에 곤란한 사람이 있으면 항상 도와주는 따뜻한 인간성을 발휘하였다고 한다. 그리고 평화를 사랑하는 마음은 지극히 강하였으며, "전쟁만 피할 수 있다면 악의 지배를 허용해도 좋다."고 말하여 강경한 민주주의론자인 토마스 만을 놀라게 했다는데, 그것으로도 이 두 사람의 성격상의 차이를 잘 알 수 있다. 나중에는 토마스 만도 "선한 전쟁이 악만을 가져오게 된다는 것을 스스로 체험한 이후로는, 나도 당시의 츠바이크의 입장을 이해하게 되었다"라고 말하였다.

유럽의 전쟁이 한층 악화되었던 1942년, 그는 젊은 아내와 더불어 "자발적인 의지로, 명백한 감각을 가지고(aus freien Willen und mit klaren Sinnen)" 스스로 생명을 끊었다. "너무나 초조한 나(Ich, allzu Ungeduldiger)"는 또한 유명한 그 유서의 한 구절로서, 그의 작품과 더불어 그의 인간으로서의 장점과 약점을 동시에 한마디로 표현하고 있다.

 이것으로써 츠바이크의 인간과 문학에 대한 이야기를 불완전하나마 끝마치려 하거니와, 여기에 역출된 3편의 소설로써 한국에서도 츠바이크의 문학에 대하여, 나아가서는 독일문학에 대하여 조금이라도 친밀하게 되는 사람이 있다면 역자의 행(幸)으로 생각하는 바이다.

모르는 여인의 편지

모르는 여인의 편지

　어느 이른 아침에, 사흘에 걸친 산악지대의 여행에서 비엔나로 돌아온 어느 유명한 소설가 R씨는, 정거장 앞에서 신문을 사들어 흘긋 날짜를 보다가 오늘이 자기의 생일이라는 것을 깨달을 수 있었다. '이제 마흔한 살이 되었구나' 하는 생각이 머리를 스쳤는데 그러한 단정도 별로 그를 기쁘게도 슬프게도 하지는 않았다. 바삭바삭한 신문장을 바쁘게 뒤적거리다가 택시를 하나 잡아서 집으로 달렸다. 하인은 그의 외출중에 두 사람의 방문객과 서너 번의 전화가 있었다는 것을 알리고, 몇 통의 편지를 모아서 쟁반에 받쳐들고 들어왔다. 귀찮다는 듯이 그는 그 편지들을 보더니 발신인으로 보아 흥미가 있을 듯한 두어 통의 편지를 뜯었다. 그러나 낯선 필적의 두툼하고 분량이 많아 보이는 편지는 잠시 옆으로 밀쳐 놓았다. 그러는 동안에 하인이 차를 갖다 주어서 그는 안락의자에 편안하게 걸터앉아 다시 한 번 신문과 인쇄물을 뒤적거리더니, 시가를 피어 물고 나서 먼저 밀쳐 놓았던 편지를 다시 손에 들었다.

그것은 날림으로 씌어진 약 20매 가량 되는 모르는 여인의 불안한 필적이었는데, 편지라기보다는 수기(手記)라고 하는 것이 적당할 것 같았다. 무의식적으로 R씨는 다시 한 번 겉봉을 검토하고, 혹시나 그 속에 첨서(添書)라도 들어 있지 않는가 보았으나, 봉투에는 아무 것도 들어 있지 않았으며, 편지 속에서나 마찬가지로 주소 서명도 씌어 있지 않았다. 이상히 생각하며 그는 그 편지를 다시 손에 들었다. '나를 전혀 아시지 못하는 당신에게'라고 씌어 있는 것이 맨 위의 제목이었고, 동시에 겉봉이기도 하였다. 괴상하게 생각하며 그는 다시 읽기를 멈추었다.— 이것이 과연 자기한테 보낸 편지일까, 혹은 어느 꿈 속의 사람한테 보낸 편지일까— 그의 호기심은 갑자기 커졌다. 그래서 그는 읽기를 시작하였다.

나의 아이는 어저께 죽었답니다. 사흘 낮과 사흘 밤 동안 나는 이 작고 연약한 생명을 위하여 죽음과 싸워 왔던 것입니다. 독감이 그 아이의 가련하고 따뜻한 육체를 신열로 들뜨게 하였던 40여 시간 동안을, 나는 침대 옆에 그대로 앉아 있었습니다. 불같이 타오르는 그 아이의 이마를 식혀 주었으며, 불안에 떠는 그 아이의 조그만 손을 낮이거나 밤이나 꼭 붙잡아 주었습니다. 그런데 사흘째 저녁에는 나도 쓰러지고 말았습니다. 나의 눈이 그 이상 말을 듣지 않았으며, 자기도 모르게 눈이 감기었던 것입니다. 딱딱한 의자 위에 세 시간인지 또는 네 시간인지 나는 잠이 들어 버렸는데, 그 동안에 죽음이 그 아이를 데려가 버렸던 것입니다. 지금 그 귀엽고 불쌍한 아이는 저기, 그가 죽었을 때와 같은 모양으로, 그의 조그마한 어린이 침대에 누워 있습니다. 그 깜찍하고 새까만 눈만은 감겨 주었습니다만, 하얀 속옷 위에는 그 아이의 두 손이 그대로 모아져 있는 채 네 개의 촛불이 침대의 네 귀퉁이에서 불타고 있습니다. 나는 그 아이를 감히 바라볼 수가 없습니다. 움직일 수도 없습니다. 왜냐하면 촛불이 흔들릴 때마다 그 아이의 얼굴과 입가에는 그림자가 스쳐가고, 어쩐지 살아서 움직일 것 같은 환상에 사로잡히기 때문입니다. 그래서 나는 그 애가 죽은 것이 아니고 다시 일어나서 그 맑은 목소리로 어린 아이의 귀여운 말이라도 할 것 같은 기분이 됩니다.

그러나 나는 그 애가 죽은 것을 잘 압니다. 그러니까 다시는 그 아이를 바라다보지 않겠습니다. 다시 한 번 부질없는 희망을 품거나, 다시 한 번 속지 않으려고. 나는 압니다. 잘 압니다. 나의 아이는 어저께 죽은 것입니다.—이제는 다만 나에게는 당신만이, 이 세상에 계신 것입니다. 나에 대해서는 아무것도 모르시는 당신만이—아무런 예감도 없이 놀고 계시며 다른 사람들과 장난을 하고 계실 것인 당신만이, 이 세상에는 계신 것입니다. 나를 한 번도 알아 주시지 않았던 당신만을 나는 항상 사랑하여 온 여자이니까요.

지금 나는 다섯 번째의 초를 집어들어서 여기 이 책상에 세워 놓았습니다. 그리하여 나는 당신에게 편지를 쓰는 것입니다. 죽은 아이와 단둘이서 지내는 이 밤의 한 시라도, 나의 마음을 털어놓지 않고서는 배길 수 없기 때문입니다. 이 무서운 시간에 나의 전부이었던 당신말고는, 어느 누구에게 편지를 쓸 수 있을 것이겠습니까? 지금까지도 역시 당신은 나의 전부인 것입니다! 이렇게 말씀드려도 내 마음을 알아들으시게끔 아주 똑똑히 표현할 수가 없습니다. 아마 당신도 내 말을 이해 못하시겠지요―나의 머리는 지금 아주 얼얼하며 뒷덜미는 방망이질을 하는 것 같고, 수족이 쑤시고 아픕니다. 나도 열이 있는 것 같고, 아마 이 집 저 집으로 스며드는 무서운 독감에, 나도 걸린 것 같습니다. 그러나 그것도 그렇게 되면 오히려 좋겠습니다. 왜냐하면 나도 어린아이와 함께 갈 것이며 내 맘에 없는 일을 하지 않아도 될 것이기 때문입니다. 이따금씩 눈앞이 캄캄해지곤 합니다. 아마 이 편지도 끝까지 못다 쓸 것 같습니다.―그러나 내 있는 힘을 모두 자아내서 당신에게 인생의 한 번밖에 없는 편지를 쓰겠습니다. 당신에게! 나를 한 번도 알지 못하셨던 나의 애인인 당신에게.

당신에게만 나는 모든 이야기를 하려 합니다. 당신에게 편지를 쓰는 것은 이것이 처음이지요. 항상 당신의 것이었고 그러면서도 당신이 알지 못하셨던 나의 일생을 당신에게만 이야기하겠습니다. 그러나 당신이 나의 그러한 비밀을 아시는 날은, 내가 죽어 없을 때인 것입니다. 답장을 나에게 보낼 수도 없게 됐을 때입니다. 나의 사지를 이와 같이 차게 하고 뜨겁게 하고 뒤흔드는 이 병이, 완전히 종말을 고할 때인 것입니다. 만일 내가 계속해서 살게 된다면, 나는 이 편지를 찢어 버리고 내가 여태껏 침묵하였던 것처럼 아무 소식도 안 보내겠습니다. 혹시 이 편지가 당신 손에 들어간다면 여기 한 사람의 죽은 여자가 자기의 일생을 이야기하고 죽은 것이라고 알아 주십시오. 자기의 일생, 그것은 최초로부터 마지막 숨을 거둘 순간까지 당신의 것이었던 어느 여자의 일생인 것입니다. 나의 말을 두려워는 마십시오. 죽은 여자가 이제 무엇을 원하겠습니까. 사랑도, 동정도, 위안도 바라는 것이 아닙니다. 다만 단 한 가지를 당신에게 바라겠습니다. 당신에게 옮겨 가려고 하는 나의 고통이, 지금 고백하는 말의 하나하나를 다 믿어 주십시오. 그것만이 나의 소원입니다. 다만 그것 한 가지만 당신에게 청하겠습니다. 외아들의 죽음의 시간에 있어서는 그 어머니가 거짓말은 하지 않는 것입니다.

　나의 전 생애를 당신에게 이야기하겠습니다. 그 생애는 사실상 당신을 알게 된 그날부터 시작된 것입니다. 그 이전의 생활은 지금에 와서 내 기억에 희미하고 어딘지 흐릿하고 엉클어져 있을 뿐입니다. 먼지가 덮이고 거미줄이 쳐지고 음침한 물건들과 사람들이 살고 있는 어느 창고 같은 곳, 거기에 대해서는 나의 마음이 이제는 아무것도 알지를 못합니다. 당신이 오셨을 때는 나는 열세 살 먹은 아이였는데 지금 당신이 살고 계신 같은 집에 살고 있었습니다. 나의 마지막의 숨결인 이 편지를 당신이 받으시는 바로 그 집의 같은 낭하의 바로 마주보는 건너편 방이었습니다. 당신은 물론 우리 집안에 대해서 기억을 못하실 것입니다. 다시 말하면 가난한 경리관의 과부인 어머니와 (항상 상복을 입고 있었습니다) 다 자라지 못한 바짝 마른 계집아이를 기억 못하실 것입니다. 우리는 아주 조용한, 말하자면 소시민의 잘달은 궁핍 속에 빠져 있는 것 같았지요. 아마 당신은 우리의 이름을 한 번도 못 들으셨을 겁니다. 우리의 방문 앞에는 문패를 부쳐 놓지 않았으니까요. 아무도 우리를 찾아오는 사람이라곤 없었고 아무도 우리에게 안부를 물어 보는 사람도 없었습니다.

그것은 아마 벌써 오래 전의 일, 15년이나 16년, 아니 퍽 전에 일이어서, 당신은 기억을 못하십니다. 나의 사랑하는 분이여. 나는 그러나, 오, 어떠한 조그마한 일이라도 죄다 알고 있습니다. 처음으로 당신의 이야기를 듣던 날, 당신을 처음으로 뵈온 그날, 아니 그 시간까지도 엊그제 일처럼 잘 기억합니다. 어째서 그렇지 않을

리가 있겠습니까. 나의 세계가 바로 그 순간부터 시작된 것인데요. 나의 애인이여, 내가 당신에게 그 이야기를 최초로부터 모두 모두 말씀드리는 것을 참고 들어 주세요. 제발, … 일생 동안 당신을 계속해서 사랑하였고, 조금도 변함없었던 나의 이야기를 듣기 위해서 15분 동안만 참아 주세요.

당신이 이사 오실 때까지는 당신 방에 보기 싫고 고약하고 싸움 잘하는 사람들이 살고 있었습니다. 자기들도 가난하면서 무엇보다도 이웃 사람들의 가난함을, 즉 우리가 가난한 것을 미워하고 있었습니다. 우리가 자기들처럼 천해지고 프롤레타리아적인 비겁한 행위를 하지 않는다고 해서. 남편은 주정뱅이이며 마누라를 항상 때렸습니다. 우리는 한밤중에 의자가 넘어지고, 접시가 깨어지는 소리로 잠을 깨는 적이 한두 번이 아니었습니다. 어느 때는 피가 나도록 두드려 맞아서 부인이 머리를 풀어헤치고 층계를 뛰어 내려가며, 그 뒤에서는 주정뱅이가 소리소리 지르고 마지막에는 근처 사람들이 모두 모여들어 그를 경찰서로 데려가겠다고 협박을 한 일도 있었습니다. 우리 어머니는 처음부터 그들과 사귀는 것을 피했으며, 나한테도 거기 아이들과 이야기하는 것을 금지하였습니다. 그래서 그 아이들은 기회 있는 대로 나한테 분풀이를 하였던 것입니다. 그 아이들은 거리에서 나를 만나면 나한테 욕지거리도 하고 언젠가는 딱딱한 눈뭉치로 나를 때려서 이마에서 피가 나기까지 하였습니다. 그 집 속에 살고 있는 여러 가구가 죄다 같은 마음으로 그들을 미워하였습니다. 그래서 어느 날 갑자기 사건이 일어나서—내가 기억하기에 그 남자가 절도를 하여 끌려갔던 것입니다—그래서 그들이 잡살뱅이를 끌고 어디론지 이사 가게 되었을 때 우리는 크게 숨을 돌렸습니다. 그후 며칠 동안은 그 방문 앞에 '셋방'이라는 쪽지가 붙어 있더니 그 쪽지가 없어지고 집주인의 입으로부터 새로 오는 사람이 독신의 저술가이며 조용한 분이라고 하는 말이 급속히 퍼지게 되었습니다. 그때에 비로소 나는 당신의 이름을 들었습니다.

2,3일이 지나니까 벌써 칠장이가 오고, 미장이, 목수, 실내장식장이들이 와서 불결한, 먼저 사람이 어질러 놓은 것을 깨끗하게 만들었습니다. 망치질을 하고, 두드리고, 닦고, 벗기고 하는 소리가 들렸는데 어머니는 그 소리만 들어도 만족하였습니다. 어머니는 말씀하시기를 이제 그 지저분한 건넛집의 살림이 끝났다고 하였습니다. 이사하는 동안에도 나는 당신의 얼굴을 뵈올 수가 없었습니다. 그 모든 일은 당신의 하인인 조그마하고 진실하고 회색머리의 그 사람이 감독하였으며, 나지막하고 침착한 태도로 이것저것 지휘를 하였던 것입니다. 그 사람은 우리들 모두에 의해서 대단히 중요시되었습니다. 첫째로 그 이유는 이와 같이 교외에 있는 아파트에서 하인

이 있다는 것이 좀 신기로운 일이었고, 그 다음에 그 사람이 모든 사람들에게 공손하였기 때문입니다. 그렇다고 해서 심부름하는 아이들하고 한자리에 모여 쓸데없는 이야기를 한다든가 그런 추잡한 일은 없었습니다. 우리 어머니에 대해서는 첫날부터 귀부인의 예의를 갖추어 인사를 하였으며, 나 같은 나이 어린 계집애에 대해서도 항상 친절하고 진중하였습니다. 그 하인이 당신의 이름을 말할 때에는 언제나 아주 위엄 있는 특별한 존경심을 가지고 말하였습니다.—그래서 그가 당신에게는 보통 정도가 아닌 더 깊은 기분으로 봉사하고 있다는 것을 곧 알 수가 있었습니다. 그래서 나는 그 친절하고 늙은 요한을 얼마나 좋아하였는지 모릅니다. 한편 그 사람은 항상 당신 곁에 있어서 당신에게 시중을 들 수 있다는 것을 나는 질투하기까지 하였습니다.

거의 우스꽝스러운 일이라고 여겨지는 이러한 소소한 일을 죄다 당신에게 이야기하는 것은, 애인이여, 당신이 나와 같이 수줍고 겁 많은 아이에게 시초로부터 얼마나 커다란 힘을 가지고 영향을 주었는가를 알려 드리기 위하여 말씀드리는 것입니다. 당신이 나의 생활 속에 들어오시기 전부터 당신의 주위에는 이미 서광 같은 것이 나에게 보였던 것입니다. 부유한 분위기, 독특한 점, 신비스러운 무엇, 그런 것이—교외에 있는 보잘것없는 아파트의 주민들인 우리들은(궁한 살림을 하고 있는 사람들이 언제나 자기 집 문 앞에서 새로운 일이 생기면 호기심을 갖는 법인데) 벌써 당신이 이사 오시는 날을 조마조마하게 기다리고 있었던 것입니다. 그런데 당신에 대한 호기심이 나의 마음속에 싹트기 시작한 것은 어느 날 오후 학교에서 돌아와서 집 앞에 짐 마차가 있는 것을 보았을 때였습니다. 무거운 짐의 대부분은 벌써 운반 인부들이 이층으로 가져갔으며, 그저 소소한 물건을 사람들이 가지고 가고 있었습니다. 나는 그 광경을 구경하려고 문간 곁에 우뚝 섰습니다. 당신의 짐은 어느 것이고 내가 본 적도 없는 이상한 물건들이었던 것입니다. 거기에는 인도의 불상, 이탈리아의 조각품, 번쩍번쩍하는 큰 그림, 그리고 마지막에는 수많은 아름다운 책들―결코 내가 그런 것을 가져 보리라고 생각할 수도 없는 여러 가지 물건들이었습니다. 그들을 모두 문 곁에 높이 쌓아 놓고 그 하인이 문간에서 받아들고는 총채로서 하나씩 하나씩 조심스럽게 먼지를 털고 있었습니다. 나는 점점 더 높이 쌓여 올라가는 짐 주위를 호기심에 차서 왔다갔다하였을 뿐입니다. 하인은 나를 쫓지도 않았으며, 또한 무어라고 인사도 안했습니다. 그래서 나는 그 많은 책들의 보드라운 가죽 겉장을 만져 보고 싶었으나, 감히 한 권도 손을 대지 못했습니다. 다만 곁에서 책의 제목을 머뭇머뭇 바라볼 뿐이었습니다. 그 속에는 프랑스 말, 영어, 그밖에 내가 알지 못하는 여러 가지 말로 된 것이 있었습니다. 나는 몇 시간이고 그와 같이 바라보고 있었다고 생각합니다. 마지막에 어머니가 나를 집으로 불러 들였습니다.

그날 밤은 나는 밤새도록 당신을 생각하지 않을 수 없었습니다. 여태껏 한 번도 보지도 못한 당신을. 내가 가지고 있는 책이란 다만 열두 권의 다 떨어진 두꺼운 표지의 값싼 책이었는데, 그것을 나는 무엇보다 사랑하고 항상 되풀이해서 읽고 있었습니다. 그런데 지금 나를 압도하게 된 생각은 이렇게 많은 훌륭한 책들을 소유하고 있고 그것을 다 읽은 사람은 어떠한 사람일가, 그리고 그렇게 많은 외국어를 알고, 그렇게 부유하고 학식이 있는 사람은 대체 어떠한 사람일까 하는 것이었습니다.

이렇게 많은 서적을 보면서 나의 관념에는 일종의 신성한 존경심이 생겼습니다. 나는 마음속으로 당신의 모습을 상상하였습니다. 안경을 쓰고 백발의 수염을 가지신 늙은 분, 우리 학교의 지리 선생님과 비슷하고 다만 한층 더 친절하고 더 아름답고 더 유순한 그런 분—그런데 어째서 내가 그 당시에 당신이 늙은 노인이라고 생각하면서도 동시에 아름다울 것이라고 확신하였는가는 나도 모르겠습니다. 그 당시, 바로 그날 저녁에, 아직 한 번도 만나지도 못한 당신을 처음으로 꿈꾸었습니다.

이사 오신 것은 그 다음날이었습니다. 여러 가지로 나는 노력을 하였으나 당신의 얼굴을 뵈올 수가 없었습니다―그러니까 호기심은 점점 더하였지요. 마침내 사흘째 되던 날 나는 당신을 보았습니다. 그때의 놀라움이 얼마나 컸던 것이겠습니까! 당신은 어린이의 상상으로 된 성자의 모습과 전혀 얼토당토 않게 다른 분이셨기 때문입니다. 안경을 쓰고 친절해 보이는 노인을 나는 꿈 꾸었는데 막상 당신이 오시니―당신은 지금이나 그제나 같은 그런 분이셨습니다. 언제나 변함없는 당신, 나이를 잡수셔도 그대로 젊으신 당신이었습니다. 엷은 자색의 화려한 양복을 입고, 당신은 가벼운 어린아이 같은 독특한 태도로 계단을 뛰어 올라가셨습니다. 한걸음에 두 단씩 껑충껑충 뛰어서, 모자는 벗은 채로 손에 들고 계셔서, 나는 무어라 비유할 수 없는 놀라운 기색을 가지고 당신의 젊은 머리털과 밝고 생생한 얼굴을 쳐다볼 수 있었습니다. 사실로 말하면, 나는 어쩌면 그렇게 젊고 아름답고 날씬하고 고상하신 분인가 하며 놀라서 멍하니 서 있었습니다. 그렇지만 그것은 이상한 일이 아니었습니다. 나는 그 첫순간에 당신을 본 사람이면 누구나가 받는 일종의 놀라운 인상을 아주 똑똑히 느꼈던 것이니까요. 일면으로는 놀이와 모험에 몰두하는 정열적이고 경솔한 젊은이시면서, 동시에 예술에 있어서는 준엄하고 박학한, 의무 관념이 강한, 무진장으로 교양을 쌓은 학자가 되시는, 어딘지 이중인격적인 당신을 직감한 것이겠지요. 무의식 가운데 누구나가 당신을 볼 때에 느끼는 그 기분을 느낀 것입니다. 넓게 이 세상에 열리어진 밝은 면과 아주 어두운 당신만이 아시는 그런 면과를—그 두 가지의 생활을 영위하시는 당신을—당신의 존재의 비밀, 그 이중의 가장 깊은 비밀을 나는 느꼈던 것입니다. 마술적으로 이끌려서 이 열세 살 먹은 소녀인 나는 첫눈에 그것을 직감한 것입니다.

사랑하는 분이여. 이제 당신도 짐작하셨겠지만 당신은 어린아이인 나에게 어떠한 놀라움, 얼마나 마음이 이끌리는 수수께끼였겠습니까! 책을 저술하고, 우리가 알지 못하는 넓은 세계에서 명성이 높아서 사람들이 존경을 바치게 된 그런 분을, 갑자기 스물다섯 살쯤밖에 안 되는 어린이같이 명랑하고 날씬한 청년으로 대하게 되다니! 그날부터는 우리 집에서 나의 아주 빈약한 어린 세계에서는 당신만이 나의 흥미였다는 것, 열세 살 먹은 어린이의 고집을 가지고, 지독한 인내성을 가지고, 당신의 생활 주변을 항상 빙빙 돌고만 있었다는 것을 고백하겠습니다. 나는 당신을 관찰하였습니다. 당신의 습관도 관찰하고, 당신을 찾아오는 사람들도 관찰하였습니다. 그러니까 그럴수록 점점 당신에 대한 나의 호기심은 만족되기는커녕, 더 한층 심해 갈 뿐이었습니다. 당신의 존재의 이중성의 전모가 그와 같은 여러 방문객을 통하여 더 명확히 드러났기 때문입니다. 젊은 사람들이나 친구분들이 오셔서, 그들과 더불어 호탕하게 웃기도 하시는가 하면, 가난한 학생이 찾아올 때도 있으며, 자동차로 달려서 오는 그 여자들도 있었습니다. 언젠가는 가극의 지휘자—멀리서 서 있는 그 사람의 모습을 내가 본 적이 있는, 그 유명한 지휘자도 오셨으며, 또 때로는 여자상업학교에 다니는 정도의 조그마한 처녀들—그런 소녀들도 얼굴을 붉히며, 당신 방의 그 문 속으로 들어가는 것이 아니겠습니까? 여하간에 연달아서 많기도 많은 여자들이 있었습니다. 나는 그러한 것에 대해서 별로 이상히 생각하지는 않았습니다. 어느 날 아침에는 학교에 가려고 문을 나섰을 때 얼굴을 베일로 푹 뒤집어 쓴 한 사람의 부인이 당신의 방에서 뛰쳐나가는 것을 보았지만, 역시 이상하게는 생각지 않았습니다. 그 당시 나는 겨우 열세 살밖에 안 된 아이였으니까요. 그리고 당신 주위를 살피고, 엿듣고, 쫓아다니고 싶던 격렬한 호기심이, 이미 사랑이었다는 것을 나는 모르고 있었던 것입니다.

그러나 나의 애인이여! 당신에게 나의 마음도 몸도 완전히, 그리고 영원히 바치게 된 그날, 그리고 그 시간은 지금도 명료하게 기억하고 있습니다. 그것은 내가 학교 동무와 같이 산보 갔다 오는 길에, 그 문 앞에서 지껄이고 있었을 때입니다. 자동차가 달려와서 우리들 바로 옆에 멈추더니, 당신이 그 특징 있는, 지금도 나의 마음을 들뜨게 하는, 조급하고 탄력 있는 걸음걸이로 차를 내려서서, 문으로 들어가려 하셨습니다. 나는 무의식 중에 문을 열어 드리려고 하였고, 그리하여 당신이 가는 길을 막게 되어서 하마터면 부딪칠 뻔하였지요 당신은 부드럽고 그 온화한 눈초리를 나에게 돌려서 미소를 지으셨습니다.—그렇지요. 그렇게 밖에는. 나는 표현을 못하겠습니다. '부드럽다'고 밖에는 그러고는 속삭이듯이 낮은 목소리로 무슨 약속이라도 하는 듯하게 "고마워요, 아가씨!" 하고 말씀하셨습니다.

그것이 전부였습니다. 사랑하는 분이여! 그러나 그 순간부터, 즉 내가 그 부드럽고 친밀한 눈초리를 받은 때부터 나는 당신에게 빠진 것이었습니다. 물론 그후에 나는 얼마 안 지나서, 당신이 그 눈초리를 어느 여자에게나 보낸다는 사실을—당신이 그 싸는 듯하면서 옷 벗기는 듯한, 그러면서도 자신에게 끌어당기는 듯한, 다시 말하면 선천적으로 남을 유혹하는 그런 눈초리를, 당신은 길가에서 지나치는 어느 여자에게도, 당신에게 물건을 파는 어느 여점원에게도, 당신이 들어가는 문을 열어 주는 어느 심부름하는 여자아이에게도 그런 눈초리를 보낸다는 사실을 알기는 하였습니다. 그 눈초리가 당신에 있어서, 그렇게 하련다든지, 그렇게 하고 싶다든지 하는 생각에서가 아니라, 부녀자들에 대한 선천적인 친절에서, 여자를 보시는 그 순간에 아무 이유도 없이 보드랍고 따뜻한 눈초리로 변하는 것이었습니다. 그러나 그것은 열세 살 먹은 아이인 나에게는, 도저히 알 수 없는 일이었습니다. 나는 불의 세례(洗禮)를 받은 것 같았습니다. 나는 그 부드러움이 나에게만, 다만 나 한 사람에게만 보내 준 것이라고 생각하고 말았습니다. 그래서 그 순간 소녀이었던 나의 마음 속의 '여자'가 잠을 깨었고, 그것이 영원히 당신을 사모하게끔 된 것이었습니다.

"저 사람이 누구니?"

내 동무는 그렇게 물었습니다. 나는 그 찰나에 대답을 하지 못했습니다. 나는 당신의 이름을 입으로 부를 수가 없었기 때문입니다. 단지 그 짧은 순간, 그 동안에 당신의 이름은 나에게 신성한, 나의 비밀이 되어 버렸습니다.

"응, 한 집에 사시는 모르는 아저씨야."

나는 떠듬떠듬 서투르게 말하였습니다.

"이상하다 얘!" 하고 동무가 말했습니다.

"왜 그렇게 얼굴을 빨갛게 하니? 그 사람이 너를 볼 때."

그 아이는 호기심을 가지고 악의(惡意) 있게 나를 놀려대는 것이었습니다. 그리고 나는 그 애가 나의 비밀을 조소하며 건드렸다고 느꼈기 때문에, 두 뺨이 한층 더 후끈후끈 달아올랐습니다. 나는 너무나 당황해서 화를 발끈내고,

"요 망할년이!"

하고 욕을 하였으며 아주 그 애를 죽여 놓고 싶었습니다. 그러나 그 애는 점점 더 크게 웃고, 큰 소리로 놀려댔습니다. 나는 어쩔 줄을 모르고 너무나 분해서 눈물이 펑펑 쏟아졌습니다. 나는 그 애를 놔두고 집으로 뛰어들어가 버렸습니다.

그 순간부터 나는 당신을 사모하게 된 것입니다. 나는 많은 여자들이 그 '사모'한다는 말을 당신에게 하여서 당신이 그 단어에는 만성이 되었을 것을 잘 압니다. 그러나 나같이, 당신을 노예처럼, 개와 같이, 그리고 맹목적으로 사랑을 해온 존재는 없었을 줄 압니다. 어둠 속의 소녀가 아무도 모르는 사모를 한다는 것 같은 것은 이 세상에서 뭣하고도 비길 수 없는 것입니다. 그것은 그토록 절망적이고 봉사적이고 겸손하면서도 모든 정성을 바쳐서 격렬한 정열을 쏟아 놓는 것이기 때문에 나이가 찬 여자의 욕정적이고 무의식적이면서, 대가를 요구하는 그런 사랑과는 전혀 다른 것입니다. 격렬한 감정을 집중시킬 수 있는 것은 다만 고독한 아이들만이 가능한 것입니다. 고독하지 않은 사람들은 자기들의 감정을 친구들과의 교제에서 지껄여 없애 버리고, 무정 속에서 모두 소모시키고 마는 것입니다. 그런 사람들은 사랑에 대한 많은 이야기도 듣고, 책에서 읽기도 하고, 그것이 누구나의 운명인 것으로 아는 것입니다. 그런 사람들은 장난감을 가지고 놀 듯이 '사랑'을 가지고 놀며, 아이들이 처음 담배 피우는 것을 자랑삼듯이 사랑을 가지고 자랑삼기까지 합니다. 그러나 나는 어느 한 사람하고도 나의 비밀을 통할 수가 없었습니다. 어느 한 사람한테도 그런 것을 배울 수도 없었고, 경고받을 수도 없었던 것입니다. 경험도 없고 예측도 못하였습니다. 나는 그래서 낭떠러지 속으로 떨어진 것처럼 나의 운명 속에 빠졌습니다. 내 마음속에 자라나서 꽃 핀 것은, 모두가 당신을 알 뿐이었으며, 당신의 꿈뿐이었습니다. 나의 친밀한 사람으로서 당신의 꿈밖에는 없었지요. 우리 아버지는 벌써 돌아가셔서 안 계셨습니다. 항상 우울한 압박감에 잠겨 있는 어머니는 셋방살이하는 근심 속에 사로잡혀 도저히 친밀하여지지가 않았습니다. 나에게 있어서는, 마지막의 정열인 귀중한 감정을 가지고 경솔하게도 농락을 하는 반쯤 타락된 여학생들을 보면 나는 울화가 치밀어 오릅니다.―그래서 여태껏 분산되고 분열됐던 것을 모두 한꺼번에 당신에게 내던진 것입니다. 억눌리고 있으면서 항상 다시 반발해 오르는 나의 본성 전체를 당신에게 내던진 것이지요. 당신은 나에게―글쎄 뭐라고 말씀 드릴까요? 어떠한 비유도 너무나 부족합니다.―당신은 나에게 전부였으며 나의 전 생명이셨습니다. 모든 것이 당신과 연결되는 것에 한해서만 존재하는 것이 되고, 당신하고 관계가 있는 것만 의미가 있었습니다. 당신은 나의 생활을 완전히 변하게 만들어 주셨습니다. 여태까지는 학교에서 평범하였고 성적이 중간이었던 나는, 갑자기 '첫째'가 되었습니다. 밤늦게까지 수많은 책을 읽었는데, 그것은 다만 당신이 책을 좋아하신다는 것을 알았기 때문입니다. 갑자기 떼를 써서까지 피아노 연습을 시작해서 어머니를 놀라게 하였는데, 그것도 당신이 음악을 좋아하신다고 생각했기 때문입니다. 당신의 마음에 들고 당신에게 깨끗하게 보이기 위해서는 나는 양복을 치장하고, 바느질도 하였습니다. 그래서 나는 낡은 교복(그것은 어머니의 실내복을 변조한 것이었습니다)의 왼쪽 구석에 사각형으로 기운 자리가 있는 것을 대단히 싫어하였습니다. 당신이 그것을 보시고, 혹시나 나를 경멸하시지나 않으실까 하고, 그것만 두려워하였습니다. 그래서 나는 계단을 올라갈 때에 항상 가방으로 그 위를 가리고, 당신이 그것을 보실까 하는 두려움에 발발 떨었습니다. 그러나 그런 것은 얼마나 어리석은 일이었겠습니까! 당신은 한 번도, 그후로는 거의 한 번도, 나를 거들떠보시지 않으셨습니다.

그런데도 나는 종일토록 당신만을 기다리고, 당신의 동정을 엿보고 있을 뿐이었습니다. 우리집 문에는 조그마한 놋쇠로 된, 내다보는 문구멍이 있었습니다. 그 둥그런 구멍을 통하여 건너편에 있는 당신 방의 문을 볼 수가 있었습니다. 그 문구멍—제발 비웃지는 마세요, 사랑하는 분이여! 오늘 이 시간까진 나는 그때 일을 부끄럽게 생각하지는 않습니다!—그것이 세상을 내다보는 나의 눈이었습니다. 거기서 나는 어머니의 눈을 피하며, 얼음같이 찬 문간방이었건만, 그 긴, 긴 세월을 앉아서 지냈습니다. 손에는 책을 들고, 신경은 현(絃)처럼 팽팽히 긴장을 하여 오후 동안을 내내 당신만을 엿보고 있었습니다. 그래서 만일 당신의 모습이 나타나면 그 줄은 소리를 울렸던 것입니다. 당신을 지키느라고, 나의 마음은 항상 긴장하여 활동하고 있었지요. 그러나 당신은 조금도 눈치를 못 채셨습니다. 마치 당신이 주머니 속에 가지고 다니시는 시계가 인내심 깊게 어둠 속에서 시간을 헤아리며 재고 있는데 그 태엽의 긴장을 당신이 못 알아 주시는 것과 마찬가지였습니다. 당신의 가는 길마다 남몰래 가슴을 두근거리며 쫓아다니고, 몇백만 번의 똑딱거리는 초침 가운데 당신의 단 한 번의 눈초리도 받기 어려운 주머니 시계와도 같은 것입니다.

당신의 일이면 나는 무엇이고 모르는 것이 없었습니다. 당신의 모든 습관을 알고 있었으며, 하나하나의 넥타이도, 한벌 한벌의 양복까지도 알고 있었습니다. 그리고 당신의 친구들까지 알고, 구별할 수 있었습니다. 그래서 그들을 나에게 좋은 사람과 나의 마음에 맞지 않는 사람으로 나누었습니다. 열세 살로부터 열여섯 살이 될 때까지 나는 그렇게 하여 한시간 한시간을 당신 속에 살고 있었습니다. 아! 생각하면 얼마나 어리석은 일을 하여 왔던 것일까! 나는 당신의 손이 닿았던 문의 손잡이까지 키스하였습니다. 당신이 문으로 들어가실 때 내버리신 담배꽁초를 훔쳐서 가졌습니다. 당신의 입술이 거기에 닿았던 물건이어서 나에게는 귀중하였던 것입니다. 저녁이 되면 무슨 구실이고 붙여서, 밖의 골목으로 뛰어나가, 당신 방의 어느 창가에 불이 켜져 있는가를 알아보았습니다. 그와 같이 당신의 존재를, 당신의 보이지 않는 존재를 더 확실히 느끼기 위해서 몇백 번 거리고 뛰어나갔는지 모릅니다. 당신이 여행을 떠나셔서, 안 계실 때, 사람 좋은 요한이 당신의 노란 여행가방을 들고 내려오는 것을 보았을 때, 항상 나의 심장은 근심으로 정지할 지경이었습니다―그 여행 동안에는 나의 생명은 숨이 끊어지고, 뜻이 없는 것이 돼버렸던 것입니다. 짜증이 나고, 지루하고, 불쾌하게 이리저리 나는 돌아다녔습니다. 그리고 어머니가 나의 눈이 울어서 부풀어 오른 것을 보고, 나의 절망을 눈치채시지나 않을까 마음을 조리지 않으면 안 되었습니다.

여기서 내가 말씀드리는 것이 모두 그로테스크한 과격이며, 어린애 같은 어리석음이라는 것을 잘 압니다. 나는 그런 것을 부그러워하여야 하겠지요. 그러나 나는 부끄럽지 않습니다. 왜냐하면 나의 낭신에 대한 사랑이 이와 같이 유치하게 과격하였을 때처럼 그렇게 순수하고 정열적이었던 적은 없었으니까요. 내가 당신과 함께 살았던 그때의 일을 나는 당신께 몇 시간이고 몇 날이고 이야기하고 싶습니다. 당신은 그러나 나의 얼굴을 그때도 거의 알아보지 못하셨습니다. 혹시 내가 계단에서 당신을 만나서 당신과 마주치는 것을 피할 수가 없을 때에는, 당신의 불타는 눈초리를 두려워하여 고개를 숙이고 당신 곁을 스쳐 지나갔기 때문입니다. 마치 불에 그스려지는 것을 두려워하여 물 속으로 뛰어드는 사람같이. 이렇게 하여 나는 몇 시간이고 몇 날이고 그 먼, 지나간 세월에 대해서 당신의 생활을 이야기할 수 있을 것 같습니다. 그리고 당신의 생활의 하루하루의 캘린더를 펼쳐 놓을 수도 있을 것 같습니다. 그러나 이 이상 당신을 지루하게 하고, 당신을 괴롭히지는 않겠습니다. 다만 한 가지 어렸을 때의 추억을―무엇보다도 아름다웠던 그날의 추억을 당신에게 고백하겠습니다. 그러나 그것이 아주 사소한 일이라고 해서 흉보지 말아 주십시오. 그것은 어린아이에게는 무한히 중요한 일었던 것입니다.

그날은 일요일이었다고 기억합니다. 당신은 여행을 떠나셔서 안 계셨고, 당신의 하인이 활짝 열어 놓은 문으로 양탄자를 끌어들이고 있었습니다. 사람 좋은 요한 노인은 무거워서 그것을 간신히 끌고 있었습니다. 그때에 나는 갑자기 대담해져서 그 사람한테 가서, 도와드릴까요 하고 물었지요. 그는 놀란 것 같았으나 내가 돕는 것을 허락하여 주었습니다. 그래서 나는 당신의 방 속을 보았습니다.—내가 얼마나 경건한 마음으로, 심지어 엄숙한 존경심을 품고 들어갔었는지 당신에게 이루 이야기를 할 수 없을 지경입니다. 그리하여 나는 당신의 방의 내부를, 당신의 세계를, 당신이 항상 앉아 계시는 그 책상을, 그리고 그 책상 위에 있는 몇 가지의 꽃들이 꽂힌 푸른 유리화병을 보았으며, 당신의 옷장과 사진들, 그리고 당신의 책들을 보았습니다. 그러나 그것은 당신의 생활을 들여다보는 순간적이며, 도둑질하는 듯한 일면에 지나지 않았지요. 고지식한 요한이니까 더 자세한 관찰을 허락하여 주지 않았을 것이기 때문입니다. 그래도 그 순간적인 일별로서만도, 나는 전체의 분위기를 빨아들일 수 있었습니다. 그리하여 밤낮을 가리지 않는 당신에 대한 끊임없는 꿈을 위하여 양식을 삼았던 것입니다.

이 덧없는 짧은 몇 분 동안이 나의 소녀 시절의 가장 행복한 시간이었습니다. 내가 이런 이야기를 하는 것은 당신께서—나를 알지 못하시는 당신께서—한 사람의 여자가, 얼마나 당신에게 의존을 하였고, 멸망을 하였는가를 짐작하시도록 하기 위해서입니다. 그리고 이 말씀을 드리며, 동시에 또 한 가지의 말씀—그것은 유감스럽게도 전자와 비슷하였던 시기에 가장 흉악스러웠던 시간인데, 그 말씀을 드리겠습니다. 나는 앞서 말씀드린 바와 마찬가지로 당신 때문에 모든 일을 잊어버리고 있었습니다. 나는 우리 어머니도 상관치 않았고 어느 누구도 마음에 거리끼는 사람이 없었습니다. 그래서 인스부루크의 상인으로 우리 어머니와 먼 인척 관계에 있는 어느 중년 신사가 가끔 와서는 꽤 오래 머무르는 것도 눈치채지 못하고 있었습니다. 아니 오히려 좋아할 지경이었습니다. 왜냐하면 그 사람은 가끔 어머니를 극장으로 데려갔기 때문에, 따라서 나는 집에 혼자 머물러서, 당신 생각을 하고, 당신의 동정도 살피고 할 수가 있었기 때문입니다. 그리고 그러한 때가 나의 유일한 행복한 시간이었던 것입니다. 그런데 어느 날 어머니는 무슨 곡절이 있는 듯이 나를 자기 방으로 불러들였습니다. 나에게 무슨 진정한 이야기를 하겠다고 하는 것입니다. 나는 얼굴이 새파래지고, 가슴이 갑자기 두근두근하는 소리를 들었습니다. 어머니가 무슨 눈치를 챘을까? 무슨 추측을 하였던 것일까?—하고 맨 처음에 당신의 생각이 떠올랐습니다. 즉, 당신과 관련된 나의 비밀이었습니다. 그러나 어머니는 어머니대로 당황하며, 나한테 친절하게도 한 번뿐이 아니라 두 번이나 키스를 하였습니다(그런 일은 좀처럼 없었지요). 나를 소파 위에 끌어다 앉히고, 그리고 나서 머뭇머뭇하며, 부끄러운 듯이 이야기하기 시작했습니다. 홀아비가 되어 있는 어느 친척 남자가 어머니에게 결혼신청을 하였다고, 그리고 어머니는 주로 나 때문에 그것을 받아들일 결심을 하였다고—그런 이야기를 하였습니다. 심장에 있는 피가 갑자기 화끈하고 머리로 올라갔습니다. 단 한 가지의 생각이―당신을 생각하는 단 한 가지의 생각이 대답하게 하였습니다.

"그렇지만 우리는 여기 그대로 있을 수 있겠죠?"
하고 나는 더듬거리며 간신히 말할 수 있었습니다.

"아니야, 우리는 인스부루크로 이사를 가야 해. 팰디난트 씨는 거기에 아주 훌륭한 별장도 가지고 있단다."

그 이상은 한 마디도 더 듣지 않았습니다. 내 눈앞이 깜깜하여졌던 것입니다. 나중에 안 일이지만, 나는 그때 기절해 버렸었지요. 어머니가, 문 뒤에 서서 기다리고 있던 의붓아버지에게 작은 소리로 말한 것을 들었는데,―내가 갑자기 손을 벌리더니, 뒷걸음질을 치며 무슨 납덩어리처럼 그대로 쓰러져 버렸다고요.

그런 일이 있은 후의 며칠 동안, 무력한 어린아이였던 내가, 얼마나 어머니의 압도적인 뜻을 어기고 반항하였는지, 거기에 대해서는 일일이 당신에게 묘사를 할 수가 없습니다. 그때의 일을 생각하면 지금도 편지를 쓰는 손이 떨려 옵니다. 나의 진실한 비밀을 이야기할 수가 없었으므로, 나의 그와 같은 반항은, 다만 고집과 악의와 반항이라고만 취급되었어요. 아무도 나와 이야기를 하지 않고, 모든 일은 몰래 진행되었습니다. 어머니는 내가 학교에 가 있는 시간을 이용하여 이사 가는 준비를 진행시켰습니다. 내가 학교에서 돌아올 때마다, 새로이 가구가 치워지고, 팔려서 없어지고 있었습니다. 나는 나의 집과, 동시에 나의 생활이 무너져 가는 것을 눈으로 보는 것 같았습니다. 어느 날 점심 식사를 하러 집에 왔을 때는, 짐꾼들이 와서 모든 것을 가지고 가버린 다음이었습니다. 텅 빈 방들에는 짐을 쌓아놓은 트렁크와 두 개의 야전 침대—어머니와 나의 것만이 남아 있었습니다. 거기서 이제 하룻 밤만 더 잘 것이었으며, 그것이 마지막으로 그 다음 날에는 인스부루크로 여행하지 않으면 안 되는 것이었습니다.

그 마지막 날, 나는 당신의 곁이 아니면 살 수 없다고 새삼스러운 결심을 하였습니다. 나는 당신 이외에는 아무 다른 구원의 방도가 없다는 것을 알았습니다. 내가 어떻게 생각하였는가, 그리고 내가 도대체 그와 같은 절망적인 시간에 생각이라도 할 수 있었는가, 거기에 대해서는 나는 결코 말할 수가 없을 것입니다. 그런데 갑자기—교복을 입은 채 벌떡 일어나서 당신에게로 건너갔습니다. 아니 간 것이 아니라 무엇인지 알지 못하는 힘이, 지남철같이 작용하여서 나의 뻣뻣해진 다리와 벌벌 떨리는 관절을 한데 이끌어 당신의 방문 앞으로 나를 밀쳐 보낸 것이었습니다. 지금도 말씀드린 바와 같이 나는 어떻게 할 것인가를 스스로 똑똑히 알지 못했습니다. 그러나 어렴풋이 당신의 발치에 엎드려서 나를 하녀로 써 달라고—아니 노예로라도 받아들여 달라고 애원할 생각이었겠지요. 그리고 나는 당신께서, 열다섯 살 먹은 계집애의 그와 같은 순진한 광신(狂信)을 웃어 버리고 말지나 않을까, 그것만이 근심이었습니다. 그러나—사랑하는 분이여! 만일 당신이 그날 밤에 내가 얼음과 같이 차가운 밖의 낭하에 나가서, 걱정에 몸을 웅크리고, 그러면서도 알지 못하는 힘으로 말미암아 밀려서 걸음을 옮겨갔던 것을 아신다면 설마 웃지는 않으셨을 것입니다. 그리고 내가 떨리는 팔을 간신히 약간 쳐들어서—그렇게 하기까지는 영원히 계속될 것 같은 무서운 몇 초 동안의 투쟁이었습니다—마침내 손가락으로 문에 달린 초인종의 꼭지를 눌렀습니다. 여러 해가 지난 오늘날도, 그때 날카롭게 울렸던 종소리가 내 귓전에 아직도 쟁쟁합니다. 그리고 그 다음 순간의 그 고요함, 심장의 동계(動悸)가 멈추고, 혈액 전체가 운행을 정지하고, 다만 당신이 나오실 것만을 엿듣고 있는 긴장된 순간이었습니다.

그러나 당신은 나오시지 않았습니다. 아무도 나오지는 않았습니다. 당신은 그날 오후에 확실히 집에 안 계셨던 것입니다. 그리고 요한도 볼일을 보러 나갔고요. 그래서 나는 왱왱거리는 종소리가 귀에 사라진 여음을 들으며, 우리의 거칠어지고 텅 빈 방으로 다시 돌아왔습니다.

여행에 기진맥진하여 마치 깊은 눈길을 몇 시간이고

걸어온 사람처럼 나는 담요 위에 몸을 쓰러뜨리고 말았습니다. 그러나 그와 같은 심한 타격에도 불구하고, 강제로 이사 보내지기 전에, 당신을 만나뵈어야겠고, 당신과 이야기를 해야겠다는 결심이 다시 한 번 강하게 불타올랐습니다. 당신께 맹세해서 말씀드리건데, 그때에 나는 전혀 관능적인 생각이 있었던 것이 아닙니다. 나는 그 당시 아무것도 몰랐으며, 그것도 다만 당신에 대한 생각밖에는 없었던 때문입니다. 다만 나는 당신을 보고 싶었습니다. 다시 한 번 보는 당신에게 매달려 보려고 한 것입니다. 그날 밤새도록, 그 길고 긴 밤, 무서운 밤을 그대로 당신만을 기다렸습니다. 사랑하는 분이여! 어머니가 침대에 들어가셔서 잠이 들기 무섭게, 나는 문간방으로 몰래 기어 나갔습니다. 당신이 언제 돌아오는가 엿듣기 위해서. 그래서 밤새도록 나는 기다렸습니다. 때는 얼음과 같은 1월의 밤이었습니다. 나는 피곤하였으며, 사지가 쑤셨으나 앉아서 쉴 만한 의자도 하나 없었습니다. 그래서 나는 문바람이 스며드는 차가운 땅바닥에 그대로 누웠습니다. 얇은 자리옷을 입은 채로, 차갑고 아픈 땅바닥에 그대로 누워 있었습니다. 이부자리도 없었으니까요. 따뜻하게 하고 싶은 생각도 없었어요. 혹시나 잠이 들어서 당신이 들어오시는 발 소리라도 듣지 못할까 두려워한 것이지요. 그것은 고통이었습니다. 발이 경련을 일으키며 오그라들고, 팔은 부들부들 떨렸습니다. 나는 몇 번이고 일어서지 않을 수 없었습니다. 그 무서운 어둠 속에서 추위가 그렇게도 심했던 것입니다. 그러나 나는 기다리고 기다리고 또 기다렸습니다. 당신이 오시는 것을 나의 운명으로 알고.

마침내―그때는 아마 아침결의 두 시나 세 시쯤 되었을 것이었습니다―아래층의 문이 열리고 발 소리가 계단을 올라오는 것을 들었습니다. 추위가 한꺼번에 날아가 버리고, 뭣인가 뜨거운 것이 몸에서 복받쳤습니다. 살그머니 나는 문을 열고서 당신에게로 뛰어가려 하였지요. 당신 발치에 몸을 던지려고 한 것입니다. …아아! 이 어리석은 아이였던 나는 그때 어떠한 실수를 하였을는지 모르겠습니다. 발 소리가 가까이 다가오고 촛불이 흔들흔들 타올랐습니다. 나는 몸을 떨며 손잡이를 붙잡았습니다. 그때 올라온 사람은 과연 당신이었겠습니까?

그렇습니다. 그것은 틀림없는 당신이었습니다. 애인이여, 그러나 당신은 혼자가 아니셨습니다. 나는 자그마히 낄낄대는 웃음소리와, 약간 살랑거리는 비단옷의 스치는 소리, 그리고 당신의 작은 목소리를 들었습니다.―당신은 어느 부인을 데리고 집으로 오셨던 것입니다.…

어떻게 해서 내가 그날 밤을 죽지 않고 넘길 수 있었는지 알지 못합니다. 다음 날 아침 여덟 시에 나는 인스부루크로 끌려 갔습니다. 나는 반항할 아무 힘도 그 때는 없었던 것입니다.

나의 아이는 어젯 밤에 죽었습니다.—앞으로 정말 살아간다면 정말 나는 고독할 것입니다. 내일이 되면 알지 못하는 까만 옷을 입은 무지한 사람들이 와서 들고 온 관에다 나의 불쌍한, 나의 단 하나의 아이를 매장할 것입니다. 어쩌면 친구들도 와서, 꽃다발을 줄 것입니다. 그러나 관에 꽃다발이 꽂힌들 무엇이겠습니까? 그들은 나를 위로도 하겠지요. 무슨 애도의 말이라도 해 주겠지요. 말, 말. 그러나 그 말이 무슨 소용이 있겠습니까? 나는 압니다. 또다시 내가 고독하리라는 것을. 그리고 사람들 사이에 있으면서도 고독하다는 것보다 더, 무서운 것은 없습니다. 그 당시 나는 그것을 겪었습니다. 그 당시 열일곱 살로부터 열여덟 살까지 인스부루크에서 지낸 그 끝없는 2년 동안, 나는 고독의 슬픔을 경험하였습니다.—가족과 같이 있으면서 마치 죄수처럼, 마치 추방된 사람처럼 살고 있었으니까요. 조용하고 말이 적은 의붓아버지는 나에게 대단히 친절하였습니다. 어머니는 어머니대로 무의식의 잘못을 보상해 주려고 나의 희망을 모조리 받아 주는 것 같았습니다. 여러 젊은 남자들이 나의 뜻을 맞춰 주려고 어지간히 노력을 하였으나, 나는 격렬한 반항심으로써 모조리 거절하여 버렸습니다. 나는 당신 곁에서 떠나서는 행복하게 되고 싶지 않았고, 만족하게 살고 싶지 않았습니다. 나는 스스로 자학(自虐)과 고독의 어두운 세계 속으로 나 자신을 매장하였습니다. 예쁘고 새로운 의복도 사주었지만, 나는 입어 보지도 않았습니다. 음악회나 극장에 가자는 것도 다 거절하고, 명랑한 친구들과 소풍가는 것에도 참가하려 하지 않았습니다. 이 조그만 도시에서 2년 동안이나 살면서, 어느 골목 하나 발을 디뎌 보지 않았습니다. 사랑하는 분이여! 그것을 믿어 주시겠습니까? 거리의 이름도 열 개를 외우지 못했으니까요. 나는 슬퍼하였으며, 또 슬퍼하고자 하였습니다. 당신을 만나기 위하여 참는 것이라면, 어떠한 결핍이라도 기쁠 수 있었습니다. 그래서 나는 당신 속에서만 살려는 정열에서 떠나지 않으려고 결심하였습니다. 나는 혼자서 방에 앉아 몇 시간이고 몇날이고 당신 생각에 잠기는 것밖에는, 아무 일도 안했습니다. 되풀이하고 또 되풀이하여 당신과 관계가 되던 수없는 사소한 추억에 잠기었으며, 당신과 만나던 일, 당신을 기다리던 일 등을 새삼스레 추억하고 마치 극장에서 상연하듯이, 그 조그마한 에피소드들을 혼자서 머릿속에 연출하여 보는 것이었습니다. 그래서 지나간 날의 일분 일초까지 그와 같이 수없이 되씹어 생각해 보았기 때문에 나의 소녀 시대는 그 전부가 지금도 생생하게 불타는 추억으로, 그대로 남아 있었습니다. 그래서 지나간 세월의 하나하나의 기억이 마치 어저께 직접 체험한 것처럼 뜨겁게 솟아 오르는 것을 느낍니다.

그 당시 나는 다만 당신 속에서만 살아 왔습니다. 당

신이 저술하신 책은 모조리 사서 보았으며, 당신의 이름이 신문에 나는 날은 나에게는 축일이었습니다.

　당신은 못 믿으실는지도 모르지만 나는 당신의 책의 한줄 한줄까지 보지 않고 다 외우도록 수없이 읽었답니다. 밤중에 갑자기 잠을 깨어, 당신 책에서 뽑아낸 몇 줄을 나에게 읽어 준다면 나는 꿈속에서처럼 그 뒤를 이어서 말할 수 있을 것입니다. 오늘날까지도, 13년이 지난 오늘날까지도 그렇게 할 수가 있을 것입니다. 그와 같이 당신 말의 한마디 한마디가 나에게는 복음이었고 기도였습니다. 이 세계도 당신과 관련되는 것만이 나에게는 존재하는 것이었습니다. 당신의 흥미를 끌었을 것이라는 생각으로, 나는 비엔나 신문의 음악회나 초연(初演)의 기사를 열심히 읽었습니다. 그래서 저녁때가 되면 나는 멀리서 당신의 뒤를 따라─지금쯤 극장으로 들어가셨겠지, 지금쯤은 좌석에 앉으셨겠지, 하고 상상을 하는 것이었습니다. 당신이 단 한 번 콘서트에 가신 것을 본 것만으로도 나는 몇천 번 그 꿈을 꾸었는지 모릅니다.

　그러나 무엇 때문에 이 모든 것을 나는 이야기하는 것일까요? 이 미친 듯한 모순된 이야기, 비극적이고 희망없는, 무시당한 아이의 광신적인 이야기를 뭣 때문에 알지도 못하시는, 상상도 못하시는 분에게 나는 이야기를 하는 것일까요? 그때는 정말로 나도 어린아이였지요?

나는 그후에 열일곱 살이 되고 열여덟 살이 되었습니다.—거리에서 젊은 청년들이 만나면 뒤돌아보고 하였으나, 나에게는 그것이 불쾌하기만 하였어요. 왜냐하면 사랑이라든가 심지어 사랑의 유희라든가, 하여간에 당신 이외의 사람하고 그런 생각을 한다는 것만으로도 참을 수 없고 생각할 수없이 마음에 거슬렸습니다. 심지어 유혹이라는 말만 들어도 무슨 죄를 범하는 것같이 생각되었습니다. 당신에 대한 나의 정열은 언제까지나 동일하였으니까요. 달라진 것이 있다면 나의 육체가 성숙한 것과, 나의 관능이 깨어남에 따라 더 한층 불붙고 더 한층 육체적이 되고 더 한층 여자답게 된 것뿐이었습니다. 그래서 그 당시 순진한 아이로서 아무것도 모르고 하려던 것, 당신의 방문 초인종을 울렸던 아이가 상상도 못하였던 일, 그것은 지금 생각하면 당신에게 몸을 바치고 당신에게 의지하려던 단 하나의 나의 생각이었던 것입니다.

나의 주위에 있는 사람들은 나를 수줍다고 생각하며, 활발치 못하다고 이름 지었습니다(나는 나의 비밀을 잇새에 꼭 물고 말을 안했기 때문에). 그러나 내 마음 속에서는 강철 같은 의지가 자라났습니다. 나의 모든 생각과 나의 욕구는 하나의 방향으로, 즉 비엔나로 돌아가자, 당신에게로 돌아가자 하는 방향으로 쏠려 있었습니다. 다른 사람에게는 그것이 얼마나 어리석고 얼마나 이해할 수 없게 보였는지는 모르겠습니다만 나는 나의 의지를 관철시키는 데 조금도 서슴지 않았습니다. 나의 의붓아버지는 돈이 많았으며, 나를 자기의 친딸처럼 생각하여 주었습니다. 그러나 나는 내 돈은 내가 벌겠다고 완강하게 고집을 부려서 마침내 어느 커다란 부인 양장점의 점원이 되어, 비엔나에 있는 어느 친척에게로 가게 되었습니다.

나의 첫걸음이 안개낀 어느 가을 날 저녁에, 마침내, 마침내 비엔나에 도착하였을 때 처음으로 어느 길을 걸어갔는지 당신에게 이야기하여야만 아시겠습니까? 트렁크는 정거장에 맡겨 놓은 채 나는 전차에 달려들다시피 올라타고,—아! 얼마나 전차가 느리게 움직이는 것 같았을까요? 정거장마다 나는 화가 날 지경이었습니다—그리하여 똑바로 당신 집으로 달려간 것이었습니다. 당신의 창문에 불이켜진 것을 보니, 나의 심장은 마구 설레이며 울렁거렸어요. 나의 둘레에서 그렇게 낯설고 뜻없이 떠들썩하던 그 도시 자체가 이제 비로소 생명을 갖는 것 같았으며, 나 자신도 이제 비로소 생명이 소생하는 것 같았습니다. 당신이 가까이 계신 것을 느꼈기 때문에—나의 영원한 꿈인 당신을 느꼈기 때문이었습니다. 말할 것도 없이 당신과 나의 반짝이는 눈초리 사이를 가르고 있는 것은, 지금, 얇다란 빛나는 유리창문밖에는 아무것도 없었지만, 지금 이때에도 당신의 의식으로 본다면, 사실로 산을 넘고 강을 건너 먼 딴 세상에 있는 거와 마찬가지로 멀었다는 것을 나는 알 도리가 없었습니다. 나는 다만 쳐다볼 뿐이었습니다. 거기에는 불빛이 있었으며, 집이 있었으며, 당신이 있었습니다. 즉, 나의 전세계가 있었던 것입니다. 2년 동안 나는 바로 이 순간만을 꿈꾸어 왔었는데, 그것이 지금 실현된 것입니다. 보드랍고 안개낀 저녁, 당신의 창문 밖에 불이 꺼질 때까지, 나는 오래오래 서 있었습니다. 그 불이 꺼지고 나서야, 나는 비로소 나의 잠자리를 찾은 것입니다.

그후 나는 밤마다 그와 같이 당신이 계신 아파트 앞에 서 있었습니다. 저녁 여섯 시까지는 상점에서, 힘들고 고된 일을 보았습니다마는, 그 업무도 나에게는 조금도 싫지 않았습니다. 그것이 나 자신의 불안한 조바심을 덜게 해주었기 때문입니다. 그리고 상점의 바깥 철문이 닫히자마자, 나는 쏜살같이 나의 사랑하는 목표를 향하여 뛰어갔습니다. 단 한 번이라도 당신을 뵈옵고자, 단 한 번이라도 당신을 만나고자, 그것이 나의 유일한 염원이었지요. 다시 한 번 멀리서라도 내 눈으로 당신의 얼굴을 붙잡을 수 있을 까하고! 그렇게 해서 약 일 주일이 지나갔을 때에, 드디어 당신을 만날 수가 있었습니다. 그것도 아주 예기지 못한 짧은 한순간이었어요. 내가 막 당신의 창문을 쳐다보며 엿듣고 있을 때, 당신은 큰 거리를 건너서 오셨습니다. 나는 갑자기 다시 열세 살 먹은 어린아이가 되어 버려서, 피가 얼굴로 화끈하고 올라오는 것을 느꼈으며, 무의식중에 당신의 시선을 받고자 하는 내면적인 욕망을 거슬려서, 나는 고개를 푹 숙이고, 쫓긴 것처럼 당신 옆을 스쳐서 도망치고 말았습니다. 번개같이 도망하고 말았지요. 그후 나는 내가 여학생처럼 수줍게 도망간 것을 얼마나 부끄럽게 생각했는지 모릅니다. 왜냐하면 그 당시 나의 마음은 확고하였을 것이기 때문입니다. 나는 당신과 만나기를 원하였으며, 당신을 갈망하였고, 당신을 그리워하며 보낸 긴 세월 후에, 다시 당신이 나를 알아보아 주시기를 원하였으며, 당신에게 존중 받고, 당신에게 사랑받기를 간절히 원하고 있었던 것만은 확실하기 때문입니다.

그러나 당신은 오래도록 나를 못 보셨습니다. 내가 매일 저녁같이, 눈보라 치는 날이나 살을 에이는 것 같고 찌르는 것 같은 비엔나의 바람이 부는 날이나 당신의 골목 앞에 서 있었습니다만, 당신은 좀처럼 그것을 눈치채지 못하였습니다. 어느 때는 몇 시간이고 하염없이 기다리는 날도 있었으며, 때로는 당신이 어느 친구분과 함께 어디론지 나가 버리는 것을 본 적도 있습니다. 그리고 두 번이나 당신이 여자와 같이 가시는 것을 보기까지 하였습니다. 내가 '여자'가 된 것을 느낀 것은 그 순간이었지요. 당신이 알지 못하는 여자와 나란히 친밀하게 팔을 끼고 걸어가시는 것을 보았을 때 갑자기 나의 심장에서 비스듬히 찢어지는 것 같은 격동을 받았으니까요. 그래서 나는 당신에 대한 감정의 변화와 새로운 상태를 느꼈습니다. 그다지 놀라운 것은 아니었습니다. 여인들이 끊임없이 당신을 찾아온다는 것은 이미 어렸을 때부터 잘 알고 있었으니까요. 그런데 지금은 갑자기 심한 육체적인 고통이 닥쳐오고 마음속이 바짝 켕겨지는 것 같았습니다.

동시에 다른 여자에게 공공연하게 육체적인 친밀성을 보이는 데 대해서 나는 적개심과 부러움을 한꺼번에 느꼈습니다. 어느 날 나는 지금까지 남아 있는 어린이 같은 돌돌한 마음으로 당신의 집 앞을 멀리하였습니다. 그러나 반항과 반발의 허무한 그날 밤이 나에게 얼마나 무서웠던 것이겠습니까! 그 다음날 저녁에는 벌써 그 집 앞에 서서 비굴하게도 당신이 오시기를 기다렸지 않았겠습니까. 마치 내가 일생을 통하여 당신의 닫혀진 생명 앞에 말없이 기다리고 서 있었던 것같이.

드디어 어느 날 저녁 나는 당신의 눈에 띄었습니다. 나는 멀리서부터 당신이 오시는 것을 보았으며, 내 마음을 가다듬어 이번에는 당신을 피하지 않으려고 노력하였습니다. 우연히도 어느 짐차가 한길가에 서서 짐을 내리고 있을 때였습니다. 그래서 길이 좁혀지고 당신은 내 곁을 바싹 지나가시도록 되었습니다. 무의식적으로 당신은 나에게 산만한 눈초리를 던지셨는데, 그때 갑자기 내가 주목하고 있는 시선과 마주치자—지나간 날의 추억으로 나는 얼마나 놀랐겠습니까!—당신의 눈초리는 언제나 그렇듯이 독특한 부녀자에 대한 눈초리로 변하였습니다. 그 보드랍고 싸는 듯하며 동시에 옷을 벗기는 듯한 눈초리였던 것입니다. 그것은 어린아이인 나를 처음으로 여성으로 만들어 주었고, 사랑을 잠깨워 주었던, 포괄적이고 확고한 눈초리였습니다. 1, 2초 동안 그 눈초리는 내 눈 위에 머물렀습니다. 나는 내 눈을 비킬 수도 없었으며 비키려고도 하지 않았습니다.—그렇게 해서 당신은 내 곁을 지나가 버리셨습니다. 내 가슴은 두근두근하였고 나도 모르는 사이에 내 걸음은 지체되어 있었습니다. 그리고 다음 순간 어찌할 수 없는 호기심에서 뒤를 돌아다보니, 당신은 거기 서서 나를 바라보고 계시지 않겠습니까. 그리고 나를 호기심을 가지고 흥미 있게 바라다보시는 것이었습니다. 나는 그 모습으로 즉시 당신이 내가 누군가를 못 알아보신 것을 깨달았습니다.

당신은 나를 못 알아보셨습니다. 그때도 못 알아 보셨거니와, 그후에도 결코 나를 인식하지 못하셨습니다. 사랑하는 분이여! 그때 그 순간의 나의 환멸이 어떠하였는가 나는 그 표현을 못하겠습니다. 그때가, 나에게는, 그 운명, 당신에게 끝끝내 인식되지 않는 그 운명을 겪어야 하였던 최초이었습니다. 그 운명이야말로 내가 일생을 통하여 겪어야만 하였고, 또한 그 운명을 지닌 채 죽어야만 하는 것이었습니다. 끝끝내 나를 알아 보지 못하는 운명, 당신에 의하여 결코 인식되지 못하는 그 운명, 그 때의 나의 섭섭하였던 마음을 나는 어떻게 당신에게 이야기할 수 있겠습니까! 사실 나는 2년 동안 인스부루크에 머무르면서 한시라도 쉬지 않고 당신을 생각하였고, 이와 같이 당신과 비엔나에서 처음으로 만나게 되는 날을 이것저것 상상하였던 것입니다. 나는 그날 그날의 기분에 따라 가장 행복한 상상도 하였으며, 가장 슬프게 될 가능성에 대해서도 상상하였던 것입니다. 다시 말하면 당신과 처음으로 만나서 일어날 것인 모든 종류의 꿈을 다 꾸어 봤던 것입니다. 마음이 우울하였던 순간에 상상하였던 것은 내가 너무나 보잘것없고 보기 싫게 생겼으며, 너무나 구차스러운 행동을 하여 당신이 나를 밀어치우며 경멸하는 꿈이었습니다. 당신의 불친절한 모습, 당신의 냉정한 모습, 당신의 무관심한 모습, 그러한 모든 것을, 나는 정열적인 환상 속에서 죄다 그림으로 그려 보았습니다.―그러나 나의 존재 그 자체가 전혀 당신의 머릿속에 인식되지 않았다는, 그 가장 무서운 사실만은, 아무리 내가 우울하였고, 아무리 나 자신을 나쁘게, 극도로 상상하였을 때에도, 그런 경우만은 머리에 떠오르지 않았었습니다. 오늘날 나는 그것을 잘 이해합니다.―아, 당신이 나로 하여금 그것을 똑똑히 이해하게끔 해주신 것이죠!―처녀나 부인들의 얼굴이 남자들에게는 얼마나 변화 무궁한 것인지, 나는 골수에 사무치게 잘 알게 되었습니다. 대체로 여자의 얼굴은 정열이나 순진함이나 피로함이 거울같이 비추는 것이어서 거울에 비치는 영상이 자주 변하듯이, 그렇게 쉽게 달라지는 것이기 때문입니다. 그래서 남자가 한 사람의 여자의 얼굴을 곧 잊어버렸다고 해서 결코 무리한 일이 아닌 것입니다. 그 얼굴 속에 깃든 연령이 명암을 가지고 있을 뿐더러, 의복도 이때와 저때에 따라 다른 용모를 만들어 주는 것이기 때문입니다. 그러나 그러한 사실을 정말로 이해하는 것은 모든 것을 체념한 여자들에게만 있을 수 있는 일입니다. 그러나 그 당시에 하나의 처녀였던 나로서는 당신이 그렇게 잘 잊어버리시는 데 대해서 이해할 수가 없었습니다. 왜냐하면 나의 쪽에서 끊임없이 극단적으로 당신만을 생각하고 있다는 이상한 상태로서 미루어, 당신도 역시 나를 어쩌다가는 생각해 주시며 나를 조금은 기다려 주시리라고 하는, 당치도 않은 망상에 사로잡혀 있었기 때문입니다. 당신에게는 내가 아무 가치가 없는 사람이며, 나에 대한 한오리의 기억도 당신의 마음을 움직이게 하지 않는다는 사실을 내가 알았다면, 나는 그 당시 숨도 쉬지 못했을 것입니다. 당신의 마음 속에는 나에 대하여 아무것도 아시는 것이 없으며, 당신의 생활의 추억 속에는 나에 대한 거미줄 한 오락의 연결조차 없다는 것을 보여주는 당신의 눈초리로써 나는 최초로 잠을 깨었습니다. 그것은 내가 현실의 나락 속으로 떨어지는 최초의 추락이었으며, 나의 운명의 최초의 예감이었습니다.

그때 당신은 나를 알아보시지 못하셨습니다. 그리고 이틀 후에 당신의 시선이 다시 나를 감싸고, 두 번째 만났다는 친밀한 표정을 띠어 나를 보셨을 때, 당신은 또 다시 나를 알아보시지 못하셨습니다. 당신은 당신을 사랑하고 있고 당신이 잠을 깨워 놓으신 여자라는 것은 알지 못하시고, 다만 이틀 전에 같은 장소에서 마주친 어여쁜 열여덟 살 먹은 처녀라고만 인식하여 주셨습니다. 당신은 친밀하고 놀라는 기색으로 나를 보시고 입가에는 약간의 미소를 띠셨습니다. 이번에도 당신은 내 곁을 지나가며 다시 걸음을 먼젓번과 같이 지체하셨지요. 나는 몸을 떨었습니다. 나는 황홀하였습니다. 나는 당신이 나에게 말씀을 걸어 주시기를 속으로 하느님께 빌었습니다. 최초로 내가 당신에게 생(生)을 가진 존재가 되었다는 느낌이었습니다. 나도 역시 그때 걸음을 지체시켰지요. 피하려고는 하지 않았습니다. 그런데 갑자기 나는 당신이 내 뒤에 게신 기색을 알았습니다. 드디어 내가 처음으로 사랑하는 당신의 말씀을 들으리라는 것을 알았습니다. 몸이 마비되는 듯한 기대가 내 마음 속에 일어나고, 가슴이 두근두근하여 걸음을 멈출 수 밖에 없을 것 같았습니다.—바로 그때 당신이 내 곁으로 걸어오셨지요. 당신은 나한테 마치 오랜 친분이 있는 것처럼 가볍고 명랑한 말투로 말씀을 걸으셨습니다.—아, 당신은 나를 모르셨으며 나의 생활에 대해서는 결코 아무것도 모르고 계셨던 것입니다.—그러나 당신은 너무나 신비스러운 거리낌없는 말솜씨여서, 나같이 수줍은 사람까지 곧 대답을 할 수가 있을 정도였습니다. 우리는 그 골목을 나란히 끝까지 걸어갔지요. 그때 당신은 나보고 함께 식사를 하지 않겠는가 물어 보셨습니다. '그러겠어요' 하고 나는 대답하였습니다. 내가 어떻게 감히 당신에게 무슨 거역이라도 할 수 있겠습니까!

우리는 조그마한 음식점에서 같이 식사를 하였습니다.—그것이 어느 집이었는지 당신은 아시겠습니까? 아, 모르시겠지요. 당신은 그와 똑같았을 것인 다른 여러 날 저녁하고 그날 저녁을 구별조차 못하실 것입니다. 내가 당신에게 무슨 가치가 있는 여자이겠습니까? 그 많은 사람들 중의 하나의 여자, 자꾸만 계속되는 당신의 여자 관계의 사슬 중에 한 사건—나에 대한 기억을 자아낼 무슨 특별한 일이 있겠습니까? 나는 거의 말이 없었습니다. 당신 곁에 있어서 당신의 말씀하시는 것을 들을 수 있는 것이 그저 한없이 행복하기만 하였던 까닭이었습니다. 한순간이라도 부질 없는 질문, 어리석은 말 한마디, 그런 것으로, 낭비하고 싶지 않았습니다. 영원히 나는 당신에게 그때의 시간에 대해서 감사하는 마음을 잊지 않을 것입니다. 얼마나 당신은 나의 정열적인 존경심을 가득 채워 주셨는지, 얼마나 부드럽고 얼마나 사뿐하게 그리고 얼마나 절도 있게 당신은 행동을 하셨는지 모릅니다. 전혀 치근치근한 점이 없었고 조금도 지나친 친밀성이 없었고 그러면서도 맨 처음의 순간으로부터 그렇게 어울리게 친절하시고 자상하시고 믿음직하셨습니다. 그래서 혹시 내가 오래 전부터 그렇게 전력을 다하여 당신의 것이 되고자 하지 않았다 할지라도, 아마도 당신은 곧 나를 마음대로 하실 수 있었을 것입니다. 아, 당신은 나의 5년 동안의 어린아이와 같은 기대를 조금도 어긋나지 않게 하여 주시면서 얼마나 커다란 기쁨을 나에게 가득 채워 주셨는가를 당신 스스로는 짐작도 못하실 겁니다!

어느새 밤이 깊어져서 우리는 자리에서 일어섰습니다. 음식점의 문 앞에서 당신은 나한테,

"저 시간을 좀 내주실 수 있어요? 별로 바쁜 일은 없으시죠?"

하고 물었습니다. 나는 그 질문에 대해서, 당신이 원하신다면 아무 데라도 가겠다는 말을 어떻게 안할 수가 있겠습니까!

"네 바쁘지 않습니다."

나는 그렇게 말하였습니다. 그러니까 당신은 약간의 주저를 그대로 억누르고 말씀하시기를

"그럼 잠깐 우리 집에 와서 이야기 안하겠어요?"
하고 물으셨습니다.
"그러겠습니다."

나는 나의 심정의 그대로를 대답하고 곧 '아차' 하였습니다. 당신이 나의 승낙이 너무나 빨랐으므로 어쩐지 고통스러운 것 같기도 하고 기쁘게 감동된 것 같기도 하여 보였기 때문입니다. 하여간에 당신은 상당히 놀라운 얼굴을 하셨습니다. 오늘날 나는 당신의 그와 같은 놀라움을 잘 이해할 수 있습니다. 여자들은 몸을 허락하고자 하는 욕망이 마음속에 불타고 있을 경우라도 대뜸 승낙하는 것을 거절하든지, 놀라움이나 노여움을 가장하듯이 하는 것이 보통의 상식이었기 때문입니다. 그리하여 거짓말을 하고, 약속을 하고, 맹세를 하고, 한 뒤에야 남자의 소원을 풀어 주는 것이 습관이기 때문입니다. 그와 같은 유혹에 대뜸 기쁘게 승낙을 하는 것은 매춘부나 직업적인 창녀 이외는 아주 순진하고 아직 어린 애송이 계집애들밖에는 없다는 것을 이제는 잘 알고 있습니다. 그러나 나에게는—당신은 그것을 느끼지 못하셨습니다마는—단지 말로 변한 욕망, 수없는 하루하루가 쌓여 한 덩어리가 되어서 튀어나온 당신에 대한 사모가 있었을 뿐입니다. 하여간에 당신은 놀라셨고 나에 대한 흥미를 가지기 시작하셨습니다. 나란히 서서 이야기를 하면서 가는 동안에도 당신은 어딘지 놀라운 기색으로 나를 옆에서 살펴보시는 것을 나는 알아차렸습니다. 모든 인간적인 것 가운데서 그렇게 이상한 확실성을 가지고 있는 당신의 감각이 이 아름다운 순진한 소녀로부터 무엇인지 좀 다른 기색, 보이지 않는 비밀을 곧 알아내신 것입니다. 당신 마음속에 있는 호기심이 잠을 깨고, 나는 당신이 간접으로 동정을 살피려는 질문을 하시는 것을 보아, 나의 비밀을 알아내려고 하시는 당신의 노력을 눈치 채었습니다. 그러나 나는 그것을 피하였습니다. 당신에게 나의 비밀을 알리느니, 차라리 어리석게 보이고자 하였던 것입니다.

우리는 이층의 당신 방으로 올라갔습니다. 그 집 속의 낭하와 그 계단이, 나에게는 얼마나 귀중한 것이었는가, 그리고 얼마나 술 취한 것같이, 얼마나 마음이 혼란하였는가를, 그리고 얼마나 미칠 듯하고, 고통스럽고 거의 죽을 것 같을 정도로 행복하였는가를 당신이 상상도 못하였을 거라고 말씀드리는 실례를 용서해 주십시오. 사랑하는 분이여! 그때 일을 생각하면 지금도 나는 눈물없이는 있을 수 없습니다. 그리고 나는 그 이상의 행복을 알지 못합니다. 당신 방 속에 있는 모든 물건이 말하자면 나의 정열에 연결되는 것이고, 그 하나하나가 나의 소녀 시절의 상징이고 나의 동경의 대상이었다는 것만은 알아주십시오. 몇천 번이나 그 앞에 서서 당신을 기다렸던 그 문, 언제나 당신의 발소리를 듣느라고 귀를 기울였던 그 계단, 그 계단은 또한 내가 당신을 처음으로 만난 장소이었습니다. 그리고 나의 영혼인 당신을 내다보았던 그 문구멍, 언제가 내가 무릎을 꿇었던 그 문 앞의 디딤방석, 그리고 엿보고 있는 중에 언제나 깜짝 놀라 정신을 차렸던 그 문의 열쇠소리, 그러한 모든 것이 나에게는 다시없는 귀중한 추억이었습니다 나의 전 소녀 시대와 나의 전 정열이 불과 2,3미터의 이 공간 속에 보금자리를 이루고 여기서 나의 전 생활이 영위되었던 것입니다. 그런데 지금 이 시간에, 모든 소원이 이루어져, 당신과 더불어, 당신의 방 속으로, 아니, 우리의 방 속으로 들어갈 때에, 폭풍과도 같이 나를 향하여 떨어져 내려오는 그 무엇이 있었습니다. 생각해 보십시오—이렇게 말씀드려도 평범하게만 들리시겠지요. 그러나 이 이외에 표현하는 방법이 없으니 할 수 없습니다.—당신의 방문까지 가는 동안에는, 모든 것이 현실의 보기 싫은 세계, 긴 일생을 통하여 매일매일의 지루하기만 한 생활, 그런데 한 걸음 방 속으로 들여놓으면, 아이들의 동화의 나라, 알라딘의 나라가 시작되는 것입니다. 생각해 보십시오! 내가 불타는 눈동자로서 몇천 번이고 쏘아 보았던 그 문(門)을 지금 비틀거리며 통해서 들어가는 것입니다. 그러나 당신은 상상을 하실지 몰라도, 이해는 못해 주실 것입니다. 나의 사랑하는 분이시여!—이 가슴 벅찬 몇 분 동안이 나의 생애에서 무엇을 빼앗아 갔는지 당신은 이해를 못하실 것입니다.

　나는 그날 밤새도록 당신 곁에 머물러 있었습니다. 당신은 당신보다 앞서 아무 남자도 내 몸을 만져 보기는 고사하고, 내 육체를 바라본 사람조차 없었다는 것을 상상도 못하셨습니다. 그것을 몰라 주신 것도, 나의 사랑하는 분이여! 당연한 일이었겠습니다. 왜냐하면 나는 아무런 저항도 하지 않고 부끄러움의 주저조차 억누르고, 당신에게 몸을 바쳤기 때문입니다. 혹시나 당신이 나의 당신에 대한 사랑을 알아차리실까 하여, 그리하여 당신이 반드시 놀라실 것이라고 생각하여 그렇게 한 것입니다.—당신은 그와 같이 심각한 것을 싫어하시고 다만 가벼운 것, 간단한 유희, 사푼사푼한 것, 그런 것만을 좋아하시는 줄 잘 알고 있기 때문입니다. 당신은 어느 운명에 사로잡히는 것을 두려워하셨지요. 이 세상의 모든 것에 있어서 당신은 낭비를 하실 생각은 있습니다만, 희생을 하시기는 싫어하셨습니다. 내가 지금 당신에게 나의 처녀성을 바쳤노라고 말씀드려도, 사랑하는 분이시여! 제발 오해하시지 마십시오! 당신을 조금이라도 원망하는 것이 아니니까요. 당신은 나를 유혹하신 것도 아니고, 속이신 것도 아니고, 끌고 간 것도 아니십니다.—내가, 바로 나 자신이, 당신에게 달려든 것입니다. 당신의 가슴팍에 내 몸을 내던져, 내 스스로를 나의 운명 속으로 몰아넣은 것이니까요. 결코, 결코, 나는 당신을 원망하지 않습니다. 오히려 당신에게 감사를 할 뿐이지요. 그날 밤의 풍부하고 찬란한 정욕과, 끝없는 깊은 행복감은, 나에게 다시없는 것이었으니까요. 어둠 속에서 눈을 반짝 뜨고 당신을 내 옆에 느꼈을 때, 나는 머리 위에 별들이 없는 것을 이상히 여겼습니다. 그때 나는 하늘을 그토록 느꼈던 것입니다.—아니죠! 결코 나는 한 번도 후회는 하지 않았지요! 사랑하는 분이여! 나는 결코 그 시간을 후회한 적이 없습니다. 지금도 기억합니다. 당신이 주무셨을 때, 당신의 호흡 소리를 들었을 때, 그리고 당신의 육체를 느끼고, 나 스스로 당신 곁에 있는 것을 느꼈을 때, 나는 어둠 속에서 너무나 행복하여, 흐느껴 울기까지 하였습니다.

다음날 아침, 아주 일찍이 나는 그곳을 뛰쳐나왔습니다. 나는 일터에 가기도 해야겠고, 하인이 오기 전에 떠나려고 하였던 것입니다. 그이한테 나를 보이고 싶지 않았어요. 내가 옷을 입고 당신 앞에 섰을 때, 당신은 나를 팔에 껴안고, 오래도록 내 얼굴을 바라보셨습니다. 당신의 마음이 몽롱하게 먼 날을 추억하셨음인지, 또는 다만 내가 그때에 아름답고 행복해 보여서였는지—그것은 알 수가 없는 일이었습니다. 그리고 당신은 내 입에다 키스를 해주셨지요. 나는 살며시 당신 품에서 벗어나서 가려고 하였습니다. 그때 당신은 말씀하셨습니다.

"꽃을 몇 개 안 가지고 가겠어요?"

나는 그러겠다고 하였습니다. 당신은 책상 위에 있는 파란 유리화병에서 네 개의 하얀 장미꽃을 집어서(그 화병은 내가 어렸을 때에 단 한 번 몰래 보고서 기억하고 있었던 것입니다) 나에게 내주셨습니다. 그후 며칠을 두고 나는 몇 번이나 그 꽃에 입을 맞추었는지 모릅니다.

우리는 헤어지기 전에 다시 만날 밤을 약속하였습니다. 그날 밤도 나는 당신께 갔었습니다. 또다시 멋진 밤이었지요. 그후에 또 한 번 당신은 셋째 밤을 나에게 베풀어 주셨습니다. 그리고 당신은 말씀하시기를, 여행을 떠나야겠다고 하셨습니다.―아, 나는 얼마나 어렸을 때부터 그 여행을 미워하였던 것이겠습니까!―그러나 당신은 돌아오면 즉시 나에게 연락해 주시겠다고 약속하셨습니다. 그때 내가 사서함의 주소만을 적어 드린 것은 나의 이름을 당신에게 알리기가 싫었던 까닭입니다. 나는 끝내 비밀을 말하지 않았습니다. 그때도 당신은 나한테 장미꽃을 한두 개 작별선물로 주셨습니다.―작별로.

2개월 동안 매일같이 당신을 바라고… 그러나 무엇 때문에 나는 기대와 절망의 지옥과 같은 그 고통을 당신에게 이야기하려 하는 것일까요? 나는 당신을 원망하지 않습니다. 나는 당신을 사랑하죠! 당신을 있는 그대로―열중하였는가 하면 금방 잊어버리고, 진실하다가도 마음이 변하는 당신 그대로를 나는 사랑합니다.―항상 당신은 그러하셨고, 지금도 또한 그러하신 당신을…당신은 벌써 오래 전에 돌아와 계셨습니다. 돌아오신 것은 불빛 비치는 창으로써 알 수 있었어요. 그런데도 나에게는 아무 편지도 안 써보내셨습니다. 나의 마지막 날까지도 당신한테서 한 줄의 편지도 못 받았습니다. 나의 일생을 바친 당신한테서 마지막 순간까지 편지를 못 받은 것입니다. 나는 기다렸습니다. 절망의 여자로서, 기다리고 또 기다렸습니다. 그러나 당신은 나를 끝끝내 불러주시지 않았습니다. 한 줄의 편지도 써주시지 않았습니다.…한 줄의 편지도….

나의 아이는 어저께 죽었습니다―그것은 또한 당신의 아이이기도 하였습니다. 나의 애인이여! 그것은 또한 당신의 아이이기도 하였던 것입니다. 맹세해서, 그 아이는, 그 사흘 밤 동안에 당신의 피를 받은 아이입니다. 죽음의 그림자 속에서 거짓말하지는 않습니다. 그것은 우리의 아이였습니다. 당신께 맹세해서. 당신에게 내 몸을 맡긴 이래 그 아이가 출생할 순간까지 어느 남자도 내 몸에 닿게는 안했으니까요. 나는 당신과의 접촉으로 말미암아 내 자신을 신성한 것으로 만들었던 것입니다. 나의 전부이셨던 당신에게 내 몸을 바치고, 나에게 별 상관이 없는 다른 남자에게 어떻게 그것을 나누어 바칠 수가 있었겠습니까? 나의 애인이여! 그 아이는 우리들의 아이였습니다. 그 아이는, 나의 의식 있는 사랑과,

당신의 부질없고 방종하고 거의 깨닫지 못하는 애정 사이의 어린이였습니다. 우리들의 아이, 우리들의 단 하나밖에 없는 귀중한 아들이었습니다. 그러나 당신은 이상하게 생각하시고 물어 보시겠지요.—아마 놀라시고, 아마 창백해지셔서—어째서 내가 그 아이를 감추고 있었는가, 그리고 오늘에 이르러서야 비로소 이야기를 하는 것인가, 하고 물어 보실 것입니다. 암흑 속에서 영원한 잠을 자며 누워 있고, 다시는 되돌아오지 못하는 죽음의 여행을 떠나는 지금 이 순간에 이르러서야 말을 하는 것이냐고. 그렇지요. 결코 되돌아오지는 못하겠지요! 그러나 어떻게 내가 당신에게 그 이야기를 할 수가 있었겠습니까? 이야기를 하였다 해도 당신은 결코 나를 믿지 못하셨을 것입니다. 알지 못하는 여자인 나를. 그 사흘 밤을 한 번도 거역하지 않고 자발적으로 나서서 몸을 허락한 나를. 당신은 결코 믿지 않으셨을 것입니다. 길거리에서 만난, 이름도 없는 여자인 내가 당신에게 정조를 지켜 왔다고 말해도, 당신에게, 난봉쟁이인 당신에게 정조를 지켰다고 아무리 말을 하여도—결코 당신은 그 아이를 의심하지 않고 자기 아이라고 인정해 주지는 않으셨을 겁니다! 아무리 나의 말이 당신에게 그럴듯한 증거를 내세운다 해도, 돈이 많은 당신에게 내가 다른 사람의 아이를 갖다 붙이려고 하는 것이라고, 속으로 의심을 품지 않을 수가 없으실 것입니다. 만일 내가 그 아이의 이야기를 하였다면 당신은 틀림없이 나를 의심하셨을 것이고, 당신과 나와의 사이에는 왔다갔다하는 불신의 좋지 못한 그림자가 남아 있었을 것입니다. 나는 그것을 원치 않았습니다. 그뿐 아니라, 나는 당신의 성격을 잘 알고 있었지요. 나는 당신 스스로가 자신을 아는 것보다, 그 이상으로 당신을 알고 있었습니다. 연애에 있어서도 근심없고 경쾌하고 유희적인 것만을 좋아하시는 당신이, 만일 갑자기 아버지라고 불리고 갑자기 하나의 운명에 대하여 책임을 지게 된다면, 당신이 얼마나 고통스러워하실는가를 잘 알고 있었던 것입니다. 자유스러운 공기 속에서만 호흡을 할 수 있으신 당신이, 어떠한 형태로든지 나와 연결되는 것을 느끼신다면, 얼마나 괴로워하셨겠습니까? 당신은 나를 그런 때에—나는 잘 압니다. 당신이 그렇게 하셨으리라는 것을, 설혹 당신 자신의 양심에 거슬려서라도—당신은 나를 그와 같은 속박감 때문에 미워하셨을 것입니다. 당신에게 단 몇 시간 동안이라도, 아니 심지어 몇 분 동안이라도, 내가 당신에게 귀찮아진다면, 내가 당신에게 싫은 사람이 된다면—나는 나의 긍지로서 당신이 나에 대하여는 일평생 조금이라도 근심스러운 생각 없이 추억하시기를 원하였던 것입니다. 애인이여! 내가 당신에게 짐이 된다면 차라리 모든 고생을 나 스스로 받아들이겠다고 원하였습니다. 그리하여 당신 주위에 있는 수많은 여성들 가운데 당신이 항상 사랑과 감사만을 가지고 생각할 수 있는 단 하나의 여성이 되고 싶었던 것입니다. 그러나 물론 말할 것도 없이 당신은 나를 한 번도 생각해 주시지는 않았습니다. 나를 완전히 잊어버리신 거죠.

나는 당신에게 원망을 드리지는 않습니다. 나의 사랑하는 분이여! 결코 나는 당신을 원망하려고 들지 않겠습니다. 만일 내가 쓰는 편지 가운데, 매운 물방울이 흐르는 듯한 자리가 가끔 있다 해도 노하지는 말아 주세요— 나의 아이가, 아니, 우리들의 아이가, 저기 흔들리는 촛불 밑에, 죽어서 잠자고 있습니다. 나는 하느님을 향해서 주먹을 쥐고 살인자라고 외치기까지 하였습니다. 나의 마음은 흐리고 머리는 혼란하여 있습니다. 내가 비탄해 하는 것도 용서해 주십시오. 노하지 마십시오! 당신이 선량한 사람이고, 마음속에 얼마나 동정이 많은 분인지, 나는 잘 알고 있습니다. 당신은 누구에게나 친절하고, 당신에게 구걸을 하는 모르는 사람한테까지 원조를 베푸시는 것을, 나는 압니다. 그러나 당신의 친절은, 그것을 붙잡으려는 사람에게는 얼마든지 마음껏 붙잡을 수 있도록 열려 있으며, 또한 그 친절은 크고 한량이 없습니다. 그러나 당신의 친절은 한편—실례의 말을 용서하세요—게으른 친절입니다. 그 친절은 독촉을 하고, 쫓아가서 잡으려고 하여야만 받을 수 있는 친절입니다. 누가 당신을 부르고 당신에게 청을 하면, 당신은 도와주시죠. 그러나 그것은 부끄러움에서, 또는 마음이 약하여서 도우시는 친절이지, 기뻐서 친절을 베푸시는 것이 아닙니다. 당신은—솔직하게 말씀드리면—궁핍하고 고통에 잠긴 사람들보다 행복한 사람들을 더 좋아하십니다. 당신과 같은 분은, 심지어 누구보다도 친절한 마음을 가지셨다 해도, 청하기가 퍽 어렵습니다. 내가 아주 어렸을 때에 나는 열쇠구멍으로 어느 거지가 당신 방의 종을 울리고, 당신이 무엇인가를 주시는 것을 보았습니다. 당신은 거지에게 얼른, 그가 당신에게 청하기도 전에, 과분하게까지 주어 버리셨습니다. 그러나 당신은 일종의 불안과 초조를 가지고 그 사람이 그저 빨리 나가기만 하였으면 하는 눈치로 물건을 내주셨던 것입니다. 마치 거지를 보는 것이 무섭다는 듯한, 그런 눈치였어요. 나는 그와 같은 불안하고, 수줍고, 감사를 두려워하는 그런 도움의 태도를 결코 잊어버릴 수가 없었습니다. 그래서 나도 당신에게는 결코 무슨 청도 하지 않았던 것입니다. 물론 나는 압니다. 당신이 그 당시에, 그 애가 자신의 아들이라는 것이 확실치 않다 해도, 틀림없이 나의 말에 동의를 하셨을 것을, 나는 압니다. 당신은 나에게 위안의 말씀을 하여 주셨을 것이며, 돈을 주셨을 것입니다. 아주 풍부하게 많은 돈을. 그러나 마음속으로는, 초조한 마음이 가득 차고, 그 불쾌한 사건을 처리하여 벗어나려고 하셨을 것입니다. 아니, 심지어 당신은 그 아이를 낳기 전에, 미리 처치를 하려고 권유하셨으리라고 생각합니다. 그런데 나는 그것을 무엇보다도 두려워하고 있었지요. 왜냐하면 당신이 하라고 하시면, 내가 그렇게 안 할 수 없었을 것이었기 때문입니다. 내가 어떻게 당신의 뜻을 거역할 수 있었겠습니까! 그러나 그 아이는 나에게는 다시없는 귀중한 것입니다. 그것은 당신에게서 받은, 또 하나의 '당신'이었던 것입니다. 그러나 그 '당신'은, 나의 힘으로 붙잡을 수 없었던, 행복하고 경박한 당신이 아니라, 또 하나의 '당신'—나는 그와 같이 생각하였습니다—언제까지나 나에게 주어져 있는 '당신', 나의 육체에 부둥켜 안겨 있고, 나의 생명과 연결되어 있는 '당신'이었습니다. 이제 나는 마침내 당신을 붙잡은 것입니다. 나의 혈맥 속에 당신의 생명이 자라나는 것을 느꼈으며, 당신을 기르고, 당신을 젖먹이고, 당신을 애무할 수 있고, 나의 마음이 그렇게 하려고 애가 탈 때는 당신에게 키스할 수도 있었습니다. 아시겠습니까? 사랑하는 분이여! 그러한 이유로 당신의 아이를 가진 것을 알았을 때 나는 행복하였습니다. 그러한 이유로 나는 당신에게 아무 말도 안했습니다. 이제는 나로부터 도망할 수 없는 '당신'을 가졌기 때문입니다.

물론 사랑하는 분이여! 그것은 내가 생각 속에서 미리 예측하고 있었던 것처럼 행복한 시만은 아니었습니다. 거기에는 또한 공포와 고통에 가득 찬 몇 달이 있었습니다. 참으로 쉬운 일이 아니었지요. 친척의 눈에 띄어서 우리 집으로 통지가 갈 것을 두려워하여 나는 만삭이 되던 달에는 상점에도 못 나갔습니다. 어머니로부터는 한 푼도 돈을 얻고 싶지 않았어요. 그래서 조금 가지고 있던 노리개를 팔아서 분만의 날까지 하루하루 연명을 하였습니다. 그런데 예정일의 1주일 전에, 옷장 속에 넣어 두었던 나의 마지막 몇 크로네의 돈을 세탁하는 여자한테 도둑맞아 버렸습니다. 그래서 나는 결국 시립병원의 산실로 가지 않으면 안 되었습니다. 그 산실에는 모두 아주 가난한 사람, 쫓겨난 사람, 돌보아 줄 사람이 없는 사람만이 어찌할 수 없이 기어 들어오는 자리였습니다. 거기서, 비참의 잔재 속에서 그 아이, 당신의 아이는 출생하였습니다. 거기서 나는 죽을 고비에 달하였지요. 낯설고 낯선 자리, 서로서로가 낯설고, 서로 고독하게 누워 있으면서도 서로서로 미워하며, 다만 비참함과 너나할것없는 고통 때문에 할 수 없이 이와 같은 텁텁한 산실에 모여 있었습니다. 클로로포름과 피의 냄새, 부르짖음과 신음의 소리, 그런 것으로 가득 차 있었지요. 가난한 사람이 겪지 않으면 안 되는 굴욕, 정신적 육체적 모욕을, 나는 거기서 톡톡히 겪었답니다. 서로 비슷한 운명의 처지로 한 덩어리의 모임을 형성하여 놓은, 거기 매춘부들과 극빈한 환자들과 같이 있으면서 그 고통을 당하였지요. 젊은 의사들의 비웃는 미소와 더불어, 무력한 여인들의 이불을 젖히고 잘못된 과학의 방법으로 마구 만져 보는 추잡함과, 간호사들의 염치없는 탐욕도, 겪지 않으면 안 되었습니다. 아, 거기서는 인간의 수치심이 그 여러 시선으로 십자가에 못박히게 되고, 많은 말들로 태형을 받게 되는 것입니다. 당신의 이름이 적혀 있는 이름패만이 거기서 당신의 유일의 명색이었습니다. 왜냐하면 침대에 누워 있는 것은 한 덩어리의 움찔움찔하는 고기덩이에 지나지 않았기 때문입니다. 호기심이 있는 사람이 마구 만지작거리려도 보고 관찰도 하고 연구도 하는 하나의 대상에 불과하였지요.—아, 친절하게 기다려 주는 남편이 있는 여자로서 자기들 가정에서 아이를 낳는 분들은 그 고통을 모르실 것입니다.—혼자서 보호해 주는 사람도 없이, 시험대 위에 올려놓아져서 아이를 낳는다는 것이 얼마나 서글픈 일인지 그들은 도저히 모르는 것입니다. 그리고 오늘에 이르기까지 지옥이라는 말을 어느 책에서 보면, 나는 언제나 나의 뜻에 반하는 일이지만, 그 한숨과 웃음이 뒤섞이고 피흘리는 부르짖음으로 가득 찬 그 만원인 텁텁한 냄새가 나는 산실을 생각하게 되는 것입니다. 그 속에서 내가 고통을 겪은 수치의 도살장인 그 장소를 생각 하지 않을 수가 없는 것입니다.

이와 같은 이야기를 하는 것을 용서해 주십시오. 노하지 말아 주십시오.—다만 이번 한 번만 그것에 관하여 이야기를 하는 것이고, 결코 두 번 다시는 말씀하지 않겠습니다. 11년 동안 나는 침묵을 지켜 왔습니다. 그리고 곧 영원히 입을 다물 것입니다. 단 한 번만 나는 외치겠습니다. 나의 행복이었으며, 지금은 저기 숨이 끊어져서 누워 있는 그 아이를, 내가 얼마나 비싼 대가를 지불하고 얻은 것인지를 단 한 번만 큰 소리로 외치고 싶습니다. 나는 어느새, 그것을 잊어버리고 있었습니다. 그 슬픈 시간들을. 어린아이의 미소와 노는 소리에 파묻혀서 나는 행복한 가운데 벌써 그 고통을 오래도록 잊어버리고 있었습니다. 그러나 지금, 그 애가 죽은 오늘날 다시 그 고통이 소생해 나옵니다. 그래서 그 고통을 한 번만, 단 한 번만 마음속으로부터 부르짖지 않을 수가 없습니다. 그러나 당신을 원망하는 것은 아닙니다. 하느님만을, 이와 같은 고통을 무자비하게 만들어 주신 하느님만을, 원망하는 것입니다. 나는 맹세코 당신을 원망하고 있지 않다는 것을 단언하겠습니다. 그리고 나는 아무리 분해도 당신에 대항을 해본 적은 없는 사람입니다. 심지어 나의 몸이 슬픔에 일그러지고, 학생들이 어루만지는 것 같은 시선으로 나를 검사하여 부끄러움에 몸이 불탔을 적에도—그리고 고통으로 나의 영혼이 찢어졌을 때에도 하느님 앞에서 당신을 비난한 적이라고는 없었습니다. 그 몇 밤을 후회해 본 적도 없습니다. 그리고 당신을 사랑하는 나 자신의 마음을 욕해 본 적도 없고,

항상 당신을 사랑만 하였으며, 항상 당신이 나와 만났던 그 시간을 축복해 왔습니다. 혹시 앞으로 다시 한 번 지옥과 같은 그 고통의 시간을 지나가지 않으면 안 된다 하여도, 그리고 나를 기다리고 있는 것이 무엇인가를 미리 안다 하여도, 나는 다시 한 번—사랑하는 분이시여—다시 한 번, 그 자리를 지나갈 것입니다. 아니, 한 번이 아니라 천 번이라도.

 우리들의 아이는 어저께 죽었습니다.
 당신이 알지도 못하셨던 그 아이입니다. 결코 어느 우연으로 말미암아도, 이 꽃피는 작은 존재,—당신의 아이는, 지나가면서 당신의 눈초리를 받아 본 적조차 없었습니다. 나는 그 아이가 출생한 이후로는 오래도록 당신 앞에서 몸을 숨겨 두었습니다. 당신이 그리워서, 못 참겠던 나의 고통이 좀 완화되었던 것입니다. 그렇지요, 당신에 대한 나의 사랑이 먼저보다는 덜 정열적인 것 같았지요. 적어도 나는 그 아이가 생긴 이후로는 사랑 때문에 고통을 받는 일이 확실히 적어졌습니다. 나는 당신과 그 아이에게 내 자신을 나누어서 바칠 수가 없었던 것입니다. 그래서 나는 행복한 사람인 당신—나에게는 지나가는 사랑만 보내 주시던 당신을 포기하고 나 없이는 살 수 없는 그 아이에게만 몸을 바치려고 결심하였습니다. 내가 먹여 살려야만 하고, 그 대신 키스도 할 수 있고 포옹도 할 수 있는 그 아이 쪽으로. 나는 당신에 대한 나의 불안으로부터 구출된 것같이 보였습니다. 당신이 아닌 또 하나의 '당신'이며, 그것만은 진실로 나의 것이었던 그 아이를 통하여 나는 나의 무서운 운명에서 구출된 것 같았습니다.—그렇지만 간혹 가다가는, 아주 드문 일이지만 나의 감정이 아무도 모르게 당신 집으로 달려가고자 하였습니다. 꼭 한 가지만은 내가 한 일이 있습니다.—당신의 생일날마다 언제나 나는 하얀 장미꽃을 당신에게 선사한 것입니다. 그것은 우리들의 최초의 사랑의 밤에, 그 당시 당신께서 나에게 주셨던 똑 같은 장미꽃입니다. 당신은 지나간 10년 동안, 아니 11년 동안, 그 장미를 보내 온 여자를 생각해 보신 적이 있습니까? 혹시 당신은 당신이 한 번, 그러한 장미를 선사하였던 여자를 생각해 보신 일이 있으십니까? 그것은 나에게는 의문입니다. 그리고 거기에 대한 당신의 대답을 나는 영 듣지 못할 것입니다. 다만 어둠 속에서 1년에 한 번씩 그때의 기억을 되살리기 위해서, 한 다발의 장미꽃을 선사하는 것입니다.—나는 그것으로 만족하였습니다.

당신은 그 아이를 한 번도 알지 못하셨습니다. 우리의 불쌍한 아이를—당신이 그 아이를 귀여워하였을지도 모르겠다는 생각으로, 나는 그 아이를 당신한테서 감춰 놓았던 것을 오늘 처음으로 후회합니다. 그 불쌍한 아이를 당신은 한 번도 알아 주시지를 못하셨습니다. 조용히 눈을 올려 뜨고 영리하고 새까만 눈으로—당신의 눈으로—맑고 즐거운 빛을 나에게 그리고 전세계에 던지며 미소를 띠우는 그 모습을 당신은 한 번도 못 보셨습니다. 아, 그 애는 명랑하고 사랑스러운 어린아이였지요. 당신의 성질의 모든 경쾌함이, 그 아이한테서 어린애답게 반영되어 있었습니다. 당신의 활발하고 동적인 공상도, 그 아이 속에 재생되어 있었습니다. 당신이 생활을 가지고 희롱하시는 것과 똑 마찬가지로 그 애도 몇 시간이고 무슨 물건을 가지고 몰두해서 놀다가는, 다음 순간에는 수려한 눈썹을 진지하게 가지며 책 앞에 정색을 하고 앉는 것이었습니다. 그 애는 점점 당신을 닮아 갔습니다. 어린아이 속에도 당신 성질의 특징인 진실성과 희롱이란 두 가지 요소가 완연하게 발전되었습니다. 그래서 그 아이가 당신을 닮아갈수록, 나는 한층 더 사랑하게 되었습니다. 공부도 잘하였으며, 프랑스 어를, 마치 작은 까치처럼 나불나불 잘 하였습니다. 그 애의 노트는 반에서 제일 깨끗했으며, 새까만 벨벳의 양복과 하얀 세라복을 입은 그 아이의 날씬한 모습은 얼마나 귀여운지 말로 할 수가 없었습니다. 어디로 가든 그 애는 눈에 띄게 화려하였습니다. 나와 둘이서 스페인의 그라도 해안에 갔을 때는 귀부인들이 걸음을 멈추고 그 아이의 금발을 만져 주었으며, 알프스의 셈마링에서 스키를 탔을 때는 여러 사람들이 그 아이를 둘러보며 모두 귀여워하였습니다. 그 아이는 그렇게 예쁘고 보드랍고 사람을 잘 따르고 하였습니다. 작년에 테레자눔의 기숙사로 들어갔을 때 그 애는 교복을 입고 18세의 동자처럼 단검(短劍)을 차고 있었는데—지금 그 아이는 속옷밖에는 아무 것도 입고 있지 않습니다. 새파란 입술을 하고 두 손을 모아, 거기 누워 있는 불쌍한 아이입니다.

그러나 당신은 아마 내가 어떻게 해서 그 아이에게 그렇게 사치스러운 교육을 시킬 수 있었는가 물어 보실 것입니다. 어떻게 해서 그렇게 명랑하고 고상한 상류생활을 하게 해줄 수 있었는가 하고. 나의 애인이여! 나는 어둠 속에서 당신에게 말하겠습니다. 나는 아무런 부끄러움도 없습니다. 당신에게 솔직하게 말씀드리는 데, 놀라지는 마십시오. 사랑하는 분이여—나는 내 몸을 팔았습니다. 물론 매춘부라고 불리고 창녀라고 불리는 바로 그런 사람이 된 것은 아닙니다. 그러나 하여간 내 몸을 팔았습니다. 나는 돈이 많은 후원자들이 생겼습니다. 아니 돈이 많은 애인들이지요. 처음에는 내가 찾았는데 다음에는 그들이 나를 바랐습니다. 왜냐하면 나는—당신이 그렇게 느꼈을는지는 모르겠습니다만—대단히 아름다웠기 때문입니다. 내가 몸을 맡긴 어느 남자도 나를 좋아하게 되었습니다. 모두가 나를 감사히 여기며, 나에게 매달리고 나를 사랑하였습니다.—그러지 않은 사람은 당신뿐, 다만 당신 한 사람만이 그러지 않았습니다. 나의 애인이여!

　내가 몸을 팔았다고 당신에게 고백하여서, 당신은 나를 경멸하시겠습니까? 안 그러시겠지요. 나는 압니다. 당신이 나를 경멸하지 않으시리라는 것을. 당신은 모든 일을 이해하시고 내가 그렇게 된 것도 다만 당신 때문이라는 것, 다시 말하면 당신의 또 하나의 '자신' 즉 당신의 아이 때문이라는 것을 이해하여 주시겠지요. 나는 그 시립병원의 산실에서 가난의 무서움을 맛보았으므로 이 세상에서 가난이라는 것은 언제나 짓밟힌 자, 비참한 자, 그리고 희생자라는 것을 알았습니다. 그래서 어떠한 일이 있어도 당신의 명랑하고 아름다운 아이만은 그 비참한 바닥에서 자라게 하지는 않겠다고 결심하였습니다. 지저분한 길바닥의 쓰레기나 더러운 것, 천한 것, 뒷 골목의 전염병이 가득한 그런 데서는 기르지 않으리라고 결심하였습니다. 그 애의 보드라운 입술이 하수도쟁이의 말버릇을 배운다든가, 그의 하얀 몸이 가난뱅이의 더럽고 구겨진 속옷을 걸친다든가 그런 일이 있을 수는 없었습니다.―당신의 아이는 무엇이고 갖고 싶은 것을 갖게 하고, 이 세상에서의 모든 부유와 안락을 향유하게 하고, 그리하여 다시 당신의 위치에까지, 당신의 생활 정도에까지 올리지 않으면 안 되었습니다.

　그런 이유로서, 다만 그런 이유로서만, 사랑하는 분이시여! 나는 내 몸을 팔았습니다. 그러나 그것은 나에게 아무런 희생도 아니었습니다. 사람들이 보통 명예라든가 치욕이라든가 하고 이름 부르는 것이 나에게는, 아무 가치가 없었기 때문입니다. 당신은 나를 사랑해 주시지 않았습니다. 그러면서 당신만이 나의 육체를 소유하신 단한 사람이셨습니다. 그래서 나는 나의 육체가 어떻게 되든지 전혀 상관이 없었습니다. 남자들의 애무는 물론, 심지어 그들의 순정의 사랑조차 나를 마음 속으로부터 감동시키지 못하였습니다. 그러나 그 중에는 내가 깊은 존경을 바치지 않을 수 없으며, 내 자신의 운명을 생각해서라도, 보답되지 않는 애정에 대한 동정심이 일어나고, 그리하여 마음이 감동되는 경우도 여러 번 있었습니다. 나와 알게 된 모든 사람들은, 나에게 친절하였습니다. 모두 나를 위하고 받들어 주었으며, 나를 존중해 주었습니다. 그 중에서도 특히 어느 나이 많은 독신의 백작은 당신의 아이인 그 불쌍한 '아버지를 모르는 아이'를 테레자눔에 넣기 위하여 다리가 떨어지도록 쫓아다녔습니다.―그는 나를 딸처럼 사랑하였던 것입니다. 그리고 세 번, 아니 네 번이나 나와 결혼하겠다고 정식으로 신청을 하였습니다.―나는 지금 백작부인이 되어서 티롤의 동화와 같은 성(城) 속에 여왕이 되어 아무 근심 없이 생활할 수도 있었을 것입니다. 그 아이에게도 아주 유순한 좋은 아버지를 마련해 줄 수도 있었겠지요. 그 아이를 한량없이 귀여워하고, 아끼고 하였으니까요. 그리고 나도 아주 조용하고 고상하고 친절한 남편을 내 곁에 모실 수가 있었던 것입니다.—그러나 나는 그렇게 하지 않았습니다. 그 사람이 그렇게 열심히, 그렇게 여러 번, 간청을 할 만큼 나는 그것을 거절함으로, 그에게 그만큼 슬픔을 주었습니다. 아마 어리석은 짓을 한 것인지도 모르겠습니다. 만일 그때 결혼을 하였다면, 지금쯤은 어디 조용하고 안전하게 살고 있었을 것이며, 귀여운 그 아이도 같이 살 수가 있었을 텐데요. 그러나—당신에게 무엇 때문에 고백을 안하겠습니까—나는 속박되기를 원하지 않았습니다. 나는 어느 때라도 당신이 부르시면 가고자 하였던 것입니다. 내 마음속 깊이, 나의 본성이 의식하지 못하는 부분에, 그 옛날의 어린아이의 꿈이, 그대로 살아 있었습니다. 당신은 나를 그래도 다시 한 번 불러 주시리라고, 심지어 한 시간의 짧은 동안이라도. 그렇게 생각하였기 때문에 나는 혹시 있을는지도 모르는 한 시간을 위하여, 모든 것을 내버렸던 것입니다. 당신이 부르기만 하면 언제라도 자유로운 몸으로 달려갈 수 있게끔 기다리는 것이었습니다. 내가 소녀 시절로부터 깨어난 이후로, 나의 전 생애를 통하여 결국 이 기다리는 것—당신의 뜻을 기다리고 있는 것밖에는 또 무엇이 있었겠습니까!

그런데 그 고대하던 시간은 참말로 오고야 말았습니다. 그러나 당신은 알지도 못하고 상상도 못하셨습니다.

나의 사랑하는 분이여! 그때조차, 당신은 역시 나를 못 알아보신 것입니다.—한 번도, 한 번도, 한 번도, 당신은 나를 인식해 주시지 못했지요! 나는 벌써 그 이전에도 가끔 당신을 만났습니다. 극장에서, 음악회에서, 프라타 공원에서, 혹은 거리에서—매번 나의 심장은 두근거렸습니다. 그러나 당신은 그대로 나를 스쳐 보고 지나가셨습니다. 나는 겉으로 보기에는 아주 다른 사람이 되었지요. 수줍은 소녀에서 귀부인이 되었으니까요. 나는 사람들이 말하는 바와 같이 아름다웠고, 값비싼 옷을 몸에 두르고, 나를 사모하는 여러 사람들에 둘러싸여 있었습니다. 어떻게 당신이 침실의 희미한 불 밑에서 보셨던 수줍은 그 처녀를 나한테서 알아내실 수가 있었겠습니까! 나와 같이 걸어가던 남자들 가운데 가끔 당신에게 인사하는 사람이 있었습니다. 당신은 인사를 받으시고 나에게 시선을 돌리셨습니다. 그러나 그때의 그 눈초리는 공손하였으며, 냉정하였으며, 찬양하는 빛을 띠었지만, 결코 나를 알아보시는 것은 아니었고, 무섭게 낯선 눈초리였습니다. 한 번, 이런 일이 있었습니다.—지금까지도 잘 기억하고 있는 일입니다—나를 인식 못하시는 당신의 눈초리가 나에게는 거의 습관이 되었습니다만 그때만은 불타는 고통을 나에게 주셨던 것입니다. 나는 어느 후원자와 오페라를 구경하며, 극장의 좌석에 앉아 있었는데, 우연히도 당신은 우리 옆좌석에 앉아 계셨습니다. 서곡이 시작되자 불이 꺼졌으며, 당신의 얼굴은 볼 수 없게 되었습니다만, 당신의 숨소리만은 꼭 그 당시 그날 밤처럼 내 옆에서 느낄 수 있었습니다. 그리고 우리들 좌석 사이의 칸을 막아 놓은, 벨벳의 난간 위에, 당신은 그 곱고 보드라운 손을 올려놓아서 짚고 계셨습니다. 그래서 나는 자꾸만 닥쳐오는 강한 욕망에 사로잡혀서는, 몸을 굽히어 예전에 그렇게 다정하게 나를 안아주셨던 그 낯설고도 사랑스러운 손에 공손하게 키스하고 싶어지는 충동을 느꼈습니다. 주위에서는 끓어오르는 듯한 음악소리가 파도치고, 나의 갈망은 점점 더 정열적으로 높아만 갔습니다. 나는 마침내 경련을 일으키고 거칠게 벌떡 일어나지 않을 수 없었습니다. 그렇게 심하게 나의 입술은 당신의 매력적인 손으로 끌려갔던 것입니다. 제1막이 끝난 다음에 나는 같이 있던 후원자에게 부탁해서 집으로 돌아가자고 하였습니다. 나는 어둠 속에서 당신과 그렇게 낯설게, 그렇게 가까이 앉아 있는 것을 도저히 참을 수가 없었던 것입니다.

그러나 그 시간은 왔습니다. 그 기회는 다시 한 번 오고야 말았습니다. 나의 숨겨진 생애에, 최후의 기회가 왔습니다. 꼭 1년쯤 전의 일입니다. 당신 생일이 지나간 이튿날이었지요. 이상하게도 그날 나는 하루 종일 당신에 대해서만 생각하고 있었어요. 당신의 생일이 오기만 하면 나는 언제나 축일처럼 축하를 하였으니까요. 아주 이른 아침에 나는 집을 나가서 하얀 장미꽃을 사왔습니다. 그것은 매년과 마찬가지로 당신에게 보내 드렸는데, 당신은 잊어버리셨지만 그 기뻤던 시간을 기념하기 위한 것이었습니다. 오후에는, 나는 어린애를 데리고 외출하여 데벨 다과점으로 데리고 갔습니다. 저녁에는 극장에 갔었어요. 어린아이도 그날만은 아주 어렸을 때부터, 그 이유는 모르지만 신비스러운 축일로 생각하게끔 해주었던 것입니다. 그 다음날에는 그 당시 나의 후원자로서 벌써 2년 이래 동거생활을 하고 있는 부륀 시(市)의 젊고 돈 많은 공장주와 함께 지냈습니다. 그 사람도 나를 다시없이 아끼고 찬양하고 내멋대로 하도록 떠받들어 주었으며, 다른 사람들과 마찬가지로 나에게 결혼을 신청하였습니다만 나는 역시 표면적으로 아무 이유 없이 거절을 하여 왔습니다. 그렇지만 그 사람은 나와 나의 아이한테 많은 선물을 주었을 뿐더러 어련무던하고 노예적인 친절을 베풀어 주어 훈훈한 그의 인간성을 느낄 수 있었습니다. 우리는 같이 음악회에 가서, 거기서 명랑한 사람들과 만나기도 하고, 어느 로터리 음식점에서 식사를 하였습니다. 식사중에 웃고 지껄이고 한 후에, 댄스 홀인 타바린에 가자고 내가 제안하였습니다. 그전 같으면 이러한 장소가 그 조직적이고 알코올적인 명랑성으로서 나의 기분에 맞지 않는 것이며, 혹시 그와 같은 제안을 받았다고 해도 곧 거절을 하였을 것인데 오늘 밤에 있어서는—무슨 이상한 마술과 같은 힘이 내 마음속에 나타나서 나는 스스로 갑자기 그와 같은 제안을 무의식적으로 내놓았던 것입니다. 다른 사람들도 모두 기쁘게 거기에 찬성을 하였습니다.—그러니까 그 순간에 무엇인가 특별한 것이 거기서 나를 기다리고 있는 듯한, 알 수 없는 일종의 갈망이 생겼습니다. 항상 나의 뜻에 맞추는 습관이 되어 있던 나의 후원자들은 일제히 벌떡 일어섰습니다. 그리하여 우리들은 그리로 달려갔지요. 거기서는 샴페인을 마셨습니다. 그러는 동안에 내가 아직껏 알지 못하였던 일종의 미칠 듯하고 거의 고통스런 쾌감이 갑자기 끓어올랐습니다. 나는 계속해서 마시고, 또 마시고 하였습니다. 저속한 유행가도 같이 불렀어요. 일어서서 춤을 추고, 환호성을 지르고 하지 않을 수 없는 충동을 느꼈던 것입니다. 그런데 갑자기 무엇인가 차가운 것, 아니 무엇인가 끓어오르는 듯한 것이 내 가슴에 부딪치는 것 같았습니다.—그때 나는 나도 모르는 사이에 벌떡 일어났던 것이지요. 옆의 좌석에 당신이 몇몇 친구들과 앉으셔서, 나를 찬양하는 듯한 시선으로, 그리고 정욕적인 시선으로 쳐다보고 계시지를 않겠습니까! 그 눈초리는 나에게 예전이나 지금이나 마음을 들끓어 오르게 하는 바로 그 눈초리였던 것입니다. 10년이 지난 오늘날에야 비로소 당신은, 나를, 당신의 본성의 무의식적인 정열을 기울여서 다시 한 번 바라다보신 것이었습니다. 나는 몸을 떨었습니다. 그리고 들고 있던 술잔을 하마터면 손에서 떨어뜨릴 뻔하였습니다. 다행히도 같은 식탁에 앉아 있던 친구들은 나의 당황함을 눈치채지 못했습니다. 그들은 퉁소와 음악의 떠들썩한 소리 속에 완전히 파묻혀 있었던 것입니다.

당신의 눈총은 점점 더 불타는 듯하였습니다. 그리하여 나를 그 불로써 완전히 싸버리고 마셨습니다. 나는 알지 못하였습니다.―당신이 나를 마침내, 마침내, 알아보셨는가, 또는 당신이 나를 새로운 어느 다른 여자로서, 모르는 여자로서 욕구하셨는가를. 피가 나의 뺨으로 화끈하고 몰려 올라와, 나는 같이 있던 남자친구들에 대하여 무엇인지 모르는 대답을 하였습니다. 당신은 내가 당신의 눈총을 받고 얼마나 당황하였는가를 알아 차리셨음에 틀림이 없었습니다. 당신은 다른 사람들에게 눈치 채이지 않게 머리를 약간 까딱함으로써 나를 잠시 옆의 방으로 나오라는 신호를 하셨습니다. 그리고 당신은 다른 사람 보라는 듯이 대금을 지불하시고 친구분들에게 작별인사를 하신 다음, 밖으로 나가셨습니다. 그러기에 앞서 다시 한 번 밖에서 기다리겠다고 나에게 눈짓을 하시는 것을 빼놓지 않으셨습니다. 나는 추워서 그런지 열에 떠서 그런지 몸이 부들부들 떨리고 있었습니다. 나는 대답을 할 경황이 없었지요. 그뿐 아니라 피가 막 끓어오르는 것을 어떻게 처리할 수가 없었던 것입니다. 우연히도 바로 그때에, 흑인 남녀 한쌍이, 발뒤꿈치를 덜거덕거리며 춤을 추고, 찢어지는 듯한 소리를 지르는 이상야릇한 새 댄스를 춤추기 시작하였습니다. 모든 사람들이 그들을 향해서 보는 순간을 이용하여 나는 일어서서, 옆에 있는 나의 후원자에게 곧 돌아오겠다고 말을 하고 당신에게로 달려갔습니다.

당신은 그 바깥의 소지품 맡기는 장소 앞에 서 계셨습니다. 나를 기다리고 계셨지요. 내가 그리로 가니까 당신의 눈초리는 빛났습니다. 당신은 미소를 띠며 부지런히 나를 마중하여 주었습니다. 나는 그때 즉시 당신이 나를 알아보시지 못한 것을 깨달았습니다. 당신은 그 옛날의 아이로서도 나를 알아 주시지 못하였을 뿐더러, 전날의 처녀로서도 알아 주시지 못하고, 새로이 전혀 낯선 여자로서 나를 다시 한 번 붙잡으셨던 것입니다.

"실례지만 나를 위하여 한 시간쯤 시간을 내주실 수 있겠습니까?"

하며 당신은 친밀하게 물어 보셨습니다.―당신이 침착하게 그렇게 말씀하신 것을 들으니 당신은 나를 그와 같은 여자, 즉 밤의 매춘부 정도로밖에는 생각지 않은 것을 잘 알 수가 있었습니다.

"그러세요."

하고 나는 말하였습니다. 15년 전의 어둑어둑한 거리 위에서 그때의 소녀가 대답한 것과 동일한 대답이었습니다. 떨리면서도 대령하는 듯한 승낙의 목소리였지요.
 "그럼 언제 만날 수 있을까요?"
 당신은 그렇게 또 물으셨습니다.
 "언제나 당신 좋으실 때면 좋습니다."
하고 나는 대답을 하였습니다.—당신 앞에서는 어쩐지 조금도 부끄럽지가 않았습니다.—당신은 잠시 놀라는 듯이 나를 쳐다보시더니, 나의 승낙이 너무나 빨라서 놀라셨던 그 당시와 조금도 다름이 없는, 그와 같은 호기심에 찬 의심스러운 표정을 하셨습니다.
 "그럼 지금이라도 괜찮아요?"
 당신은 약간 주저하며 그렇게 물으셨습니다.
 "네, 같이 가겠어요."
 나는 그렇게 말을 하였습니다. 나는 내 외투를 찾기 위하여 소지품 맡기는 곳으로 가려고 하였습니다.
 그때에 나는 나의 후원자가 우리 두 사람의 외투를 함께 맡기고, 그 쪽지를 가지고 있다는 것을 생각하였습니다. 다시 돌아가서 그것을 달라고 하려면, 무슨 특별한 이유를 말하기 전에는 도저히 될 것 같지가 않았습니다. 또 한편으로는 그 여러 해 동안 갈망하셨던 당신과의 재회를 그러한 소소한 일로 희생할 수가 없었던 것입니다. 그래서 나는 한시라도 주저하지 않고, 야회복 위에 다만 숄 하나를 걸친 채 안개 낀 밤거리로 나갔습니다. 외투에 대한 거리낌도 없었으며, 여러 해 동안 같이 살아온,

그 사람 좋고 친절한 후원자에 대한 거리낌도 없었습니다.—그 사람을, 그의 친구들 앞에서 우스꽝스러운 바보 꼴을 만들어 주리라는 생각도 떠오르지 않았습니다. 여러 해 동안 사귀었던 자기의 애인이, 알지도 못하는 남자의 단 한 번의 휘파람으로, 그대로 도망쳐 버렸다는 그와 같은 창피한 웃음거리가 되리라는 염려도 없었지요. 아, 나는 정직한 그 친구에 대한 나의 비열하고 배신적이고 모욕적이었던 행동을 마음 속 깊이 뉘우칩니다. 나는 참으로 어리석은 행동을 하였다는 그러한 기분이 듭니다. 그리고 나의 공연한 환상으로 하나의 선량한 남자를 영원히 마음 상하게 하고 치명적인 상처를 입혔다고 느끼게 되는 것입니다. 나는 나의 생활을 그 한복판에서 두 조각으로 찢어 버린 게 아니겠습니까?—그러나 다시 한 번, 당신의 입술에 입을 대고, 다시 한 번 당신이 나에게 보드랍게 말을 해주시는 것을 듣고자 하는 그 초조함에 비하면 그와 같은 우정이 무슨 가치가 있겠습니까! 나의 생활이나 존재가 무슨 가치가 있겠습니까! 나는 그토록 당신을 사랑하고 있었습니다. 모든 일이 다 지나가고 없어진 뒤에 와서, 나는 오늘날 당신에게 그렇게 확실히 말씀드릴 수 있는 것입니다. 그리고 심지어 지금 내가 빈사 상태에 빠져 침대에 누워있는 이때라도, 만일 당신이 불러만 주신다면 나는 즉시라도 힘을 얻어, 침대를 박차고 일어나, 당신에게로 달려갈 것입니다.

 한 대의 차가 현관 앞에 서 있었습니다. 우리는 그 차를 타고 당신 집으로 갔습니다. 나는 다시 당신의 말씀을 듣고 또다시 당신의 보드라운 접근을 느꼈습니다. 그러니까 또 예전의 그때와 똑 마찬가지로 황홀하였으며, 어린애같이 행복에 가득 차고, 혼란된 마음을 일으켰습니다. 10년 이상이나 한 번도 가보지 않은 그 계단을, 지금 다시 이렇게 올라가는 그 기분이 어떠하였겠습니까.―이 순간에 지나간 날의 추억과 현재가 착잡하게, 모든 것이 이중으로 겹쳐서 얼마나 감개무량하게 느꼈는지, 그리고 그 한순간 한순간에 있어서, 항상 당신을 얼마나 뚜렷하게 느꼈는지, 일일이 여기서 묘사를 할 수가 없습니다.

 당신의 방에는 별로 변경된 점이 없었습니다. 몇몇 개의 그림과 약간의 책이 좀더 많아졌을 뿐, 그리고 여기저기 낯선 가구, 그러나 그 전부가 나에게는 친밀하게 인사를 해주는 것이었습니다. 그리고 책상 위에는 장미꽃을 꽂아 놓은 화병이 놓여 있었습니다. 그 장미꽃은 내가 당신의 생일에, 어느 여인을 추억하시기를 바라며 보내 드린 것이었습니다. 어느 여인―당신이 기억 못하시는 어느 여인, 당신이 알아보시지 못하셨던 어느 여인, 그런데 지금 현재는 당신 곁에 있으며, 손을 마주잡고 입술을 마주대고 있는 그 어느 여인인 것입니다. 그렇지만 당신이 그 꽃을 간직하고 계셨다는 것, 그것만으로도 나는 기뻤습니다. 그것은 나의 존재의 숨결, 당신에 대한 나의 사랑의 숨결이었던 까닭입니다.

당신은 팔에 나를 껴안아 주셨습니다. 다시 한 번 나는 그 화려한 하룻밤을 당신 곁에서 지냈습니다. 그러나 벌거벗은 나까지도 당신은 알아보아 주시지 않으셨습니다. 당신의 노련한 애무를 받고, 나는 황홀하도록 기뻤습니다. 그리고 당신이 애인에 대한 정열이나, 혹은 매춘부에 대한 정열이나 그 사이에 아무런 구별이 없으시다는 것을 알았습니다. 당신은 그저 전후의 고려도 없이, 넘쳐 흐르는 정열을 다 쏟아서, 본성의 욕구에 몸을 맡기는 분이라는 것을 안 것입니다. 밤거리에서 데리고 온 나에게까지 당신은 친절하셨으며, 부드러우셨습니다. 그렇게도 고상하셨으며, 그렇게도 마음껏 존중하여 주셨습니다. 그러면서도 동시에, 여성을 향락하시는 데는 정열적이셨습니다. 옛날의 그 행복에 취해 있으면서, 나는 또다시 당신의 본질에 숨어 있는 독특한 이중성을 느꼈습니다. 이미 어린아이였던 나를 정복하신 육감적인 정열 속에 있는 지적이고 정신적인 격렬함을 나는 또다시 느낀 것입니다. 여태까지도 나는 친절하게 대해 준 남자분들을 여러 분 대해 보았습니다만 단 하나의 순간에 그렇게까지 격렬하게 몰두하고, 마음의 내부까지를 그렇게까지 폭발시키고, 넘쳐 흐르게 한 분은 한 번도 본 적이 없었습니다.—물론 그 순간이 지나기만 하면, 그것은 한량없는, 거의 비인간적인 망각 속으로 사라져 버리는 애정이기는 하였습니다. 그러나 나 자신도 또한 자기를 잃어버리고 있었습니다. 어둠 속에서 당신 옆에 있던 나는 대체 누구였겠습니까? 나는 그 옛날 불타오르던 어린 처녀였겠습니까? 그렇지 않으면 당신의 아들의 어머니였겠습니까? 또는 알지도 못하는 하룻밤의 여자이었겠습니까? 아, 정열적인 이 밤은 그다지도 즐겁고 친밀하게 모든 것이 다시 경험되었으며, 모든 것이 물결치듯 다가왔습니다. 그래서 나는 두 손을 모아 이 밤이 그치지 않기를 하느님께 기도드렸던 것입니다.

그러나 아침은 오고야 말았습니다. 우리는 늦게 일어났지요. 당신은 나에게 같이 아침식사를 하자고 권하셨습니다. 그리고 눈에 보이지 않는 하인이 그 동안에 신중하게 식당에 준비해 놓은 차를 같이 마셨습니다. 그리고 우리는 같이 이야기를 하였지요. 당신은 이번에도 또 그렇게, 조금도 거리낌없이 그 독특한 친밀성을 가지고 나에게 말씀을 하셨습니다. 그러나 이번에도 또한 조금도 예의 없는 질문을 하신다든지 그러한 일은 없으셨습니다. 당신은 나의 이름도 물어 보시지 않으셨으며, 주소도 물어 보시지 않으셨습니다. 나는 당신에게, 또다시 하나의 오입 상대밖에는, 하나의 이름 없는 여자밖에는, 아무것도 아니었던 것입니다. 망각의 연기 속에 흔적도 없이 사라져 버리는 정열의 한순간에 불과하였지요. 당신은 이제 먼 여행을 떠나시겠다고, 한 2,3개월의 기간으로 북아프리카로 가보시련다고 말씀하셨습니다. 나는 여행이라는 말을 듣고 행복한 가운데에도 부들부들 몸을 떨었습니다. 나의 귓전에서 화끈화끈하며, 이렇게 울렸던 것입니다.

'모든 것이 지나가 버린다. 다, 지나가 버리고 잊어버려진다!'

나는 당신의 무릎에 몸을 던지고 이렇게 부르짖고 싶었습니다.

'나를 데려가 주세요. 그리하여 그 여러 해가 지난 오늘날 마침내 마침내 나를 알아보아 주실 수 있게끔.'

그와 같이 부르짖고 싶었습니다만, 그러나 나는 당신 앞에서는 그렇게 수줍고, 그렇게 비겁하고, 그렇게 노예적이고, 그렇게 약하였습니다. 그래서 나는 다만 이렇게 말씀할 수밖에는 없었습니다.

"그것은 유감입니다."

당신은 미소를 띠우고 나를 쳐다보셨습니다. 그리고 말하기를

"정말 유감으로 생각하시나요?"

바로 그때에 나는 갑자기 거친 감정에 사로잡혔습니다. 나는 벌떡 일어나 잠시 동안 당신을 노려보았습니다. 꽤 오래도록 확고하게. 그리고 나는 말하였습니다.

"내가 사랑하고 있는 사람은 항상 여행을 떠나신답니다."

당신의 눈동자 한가운데를 노려보면서, 그렇게 말한 것이었습니다.

'이제 그는 나를 알아보겠지, 이제는 설마!'
하고 생각하며, 내 마음속의 모든 것이, 떨리고 충동을 받았습니다. 그러나 당신은 나를 향하여 미소를 지으시고 이렇게 위안을 하며 말씀하실 뿐이었습니다.

"떠나면 다시 돌아오는 법이지요."
"그렇겠죠."
나는 대답하였습니다.
"돌아오시기는 하시겠지요. 그러나 그때에는 잊어버리신답니다."

내가 그렇게 당신께 말하였을 때에 나의 태도에는 어딘지 이상스러운 점, 그리고 어딘지 정열적인 점이 있었음에 틀림이 없었지요. 동시에 당신도 일어서서 이상하다는 듯이, 그리고 대단히 사랑스럽다는 듯이 나를 쳐다보셨던 것입니다. 당신은 나의 어깨를 붙잡으셨습니다.

"즐거운 추억은 잊어버려지지 않습니다. 나는 결코 당신을 잊어버리지 않을 것입니다."
하고 당신은 말씀하셨습니다. 그리고 그때에 당신의 눈초리는 깊이 나에게로 파고 들어와서 마치 당신이 나의 모습을 확실히 마음속에 새겨 놓으시려는 것 같았습니다. 그리하여 당신의 눈초리가 수색하듯이, 검사하듯이, 내 몸 전체의 모습을 빨아들이려는 듯이, 나에게로 파고 들어오는 것을 느꼈을 때에 나는 이제야 드디어, 드디어, 당신의 맹목(盲目)의 결박이 풀어지는 순간이 왔다고 생각하였던 것입니다.

'저 사람은 나를 이제 알아볼 것이다! 나를 알아볼 것이다.'

나의 영혼 전체가 그와 같은 생각으로 부들부들 떨리고 있었습니다.

그러나 당신은 결국 나를 알아보시지 못하셨습니다. 그렇지요. 당신은 결국 나를 못 알아보신 것이지요. 지나간 어느 때보다도 지금 이 순간처럼 당신이 나를 못 알아보신 적은 한 번도 없었습니다. 지나간 어느 때라도 당신이 그후 몇 분 동안에 행동하신, 그러한 행동을 나에게 아니하셨을 것이기 때문입니다. 당신은 나에게 키스를 하셨습니다. 다시 한 번 아주 정열적으로 키스를 하셨지요. 나는 헝클어진 머리를 다시 손질하지 않으면 안 될 지경이었습니다. 그리하여 내가 거울 앞에 서서 있는 동안, 나는 그 속에서―나는 너무나 부끄럽고 놀라서 주저앉을 것 같았습니다.―그때 나는 당신이 살며시 한두 장의 커다란 지폐를 나의 머플러 속으로 집어 넣으시는 것을 보았던 것입니다. 그 순간 어떻게 해서 내가 커다랗게 소리를 지르고, 당신의 얼굴을 후려갈기지 않앉는지 모르겠습니다. 소녀 시절부터 당신을 사랑하였고, 당신의 어린아이의 어머니인, 이 나한테, 지나간 밤에 대한 대가를 지불하시다니! 결국 나는 당신에게 타바린의 술집에서 데리고 온 매춘부에 지나지 않았던 것입니다.—당신은 나에게 돈을 지불하셨습니다. 나에게 대가를 지불하신 것입니다! 당신에게서 잊어버림을 당하는 것도 슬픈 일이거니와 나는 당신에게서 모욕까지 당하지 않으면 안 되었던 것입니다.

나는 재빨리 나의 물건들을 가다듬었습니다. 나는 나가 버리려고, 빨리 나가 버리려고 하였지요. 나는 슬펐습니다. 나는 내 모자를 집어들려고 하였습니다. 그 모자는 책상 위에, 하얀 장미꽃이 꽂혀 있는 화병 곁에, 나의 장미꽃 옆에 놓여 있었습니다. 그 순간 무엇인가 나를 강력하게 붙잡는 것이 있었습니다. 다시 한 번 당신의 기억을 불러일으키게끔 하고자 하는 생각이었지요.

"이 하얀 장미꽃을 한 떨기만 주시지 않으시겠습니까?"

"그러세요."

당신은 그렇게 말하고 곧 한 떨기를 집어 주셨습니다.

"그러나 그 꽃은 당신을 사모하고 있는 어느 여자가 주신 것이 아닐까요?"

하고 나는 말하였습니다.

"아마 그렇겠지요."

당신은 그렇게 말씀하셨습니다.

"나는 그것을 모르겠습니다만, 하여간 그것은 나에게 선사된 것입니다. 누구에게서 온 것인지는 모르지만요. 그래서 나는 더욱 좋아하지요."

나는 당신을 쳐다보았습니다.

"아마 그것은 당신이 잊어버린 어느 여인한테서 온 것이 아닐까요!"

당신은 놀라며 나를 쳐다보셨습니다. 나는 당신을 똑바로 쳐다보았지요.

'나를 알아봐 주세요! 나를 제발 알아봐 주세요!'

나의 눈초리는 그렇게 부르짖었습니다. 그러나 당신의 눈은 친절한 미소를 띨 뿐, 아무것도 모르시는 것 같았습니다. 당신은 나에게 다시 한 번 키스해 주셨지요. 그러나 당신은 나를 알아보시지는 못하셨습니다.

나는 급히 문으로 갔습니다. 눈물이 쏟아져 나오는 것을 느꼈으며, 그것을 당신에게 보여 드리고 싶지가 않았던 것입니다. 문간방으로 나가다가―그렇게 나는 허둥지둥 나가고 있었지요―나는 당신의 하인인 요한 노인과 하마터면 마주칠 뻔하였습니다. 쩔쩔매면서 그는 재빨리 옆으로 비키는 것이었습니다. 그리고 문을 활짝 열어 나를 밖으로 내보내 주었습니다. 그런데 그때―아시겠습니까? 내가 눈물을 머금은 채 그 남자를 흘끗 쳐다보았던 그 순간에, 그 나이 먹은 사람의 눈초리에 번뜩하고 비치는 빛이 보였습니다. 그 짧은 순간에, 아시겠습니까? 그 순간에 그 노인은 나를 알아본 것이었습니다. 나의 소녀 시대 이래로는 한 번도 보지 못하였던 그 노인이 나를 알아본 것이었습니다. 너무나 황송하여 나는 무릎을 꿇고 나를 알아본 것을 감사하여 그 손에 키스를 하고 싶을 지경이었지요. 그러나 나는 당신이 나를 모욕하고 채찍질한 그 쓰라린 지폐를 나의 머플러에서 재빨리 꺼내 그것을 그 남자에게 집어넣어 줄 뿐이었습니다. 요한 노인은 몸을 부르르 떨더니 나를 놀라서 쳐다보았습니다.—그 짧은 순간에 그는 아마 당신이 한평생 동안 느끼신 것보다 더 많은 것을 느꼈을 것입니다.—모든 사람이 그처럼 나를 받들어 주었으며 모든 사람이 그렇게 나에게 친절하게 대해 주었던 것입니다. 다만 당신 한 사람만이 나를 잊어버렸으며, 다만 당신만이, 다만 당신 한 사람만이 나를 알아보아 주시지 않으셨습니다!

나의 아이는 죽었습니다. 우리들의 아이는 죽었습니다.—그래서 이제는 이 세상에서 사랑하는 사람이라고는 당신 한 사람밖에는 아무도 없게 되었습니다. 그러나 나를 한 번도, 한 번도 알아보아 주시지 않았던 당신이 나에게 무슨 소용이 있겠습니까? 물가를 지나가시듯이 내 곁을 스쳐 지나가셨으며, 돌 위를 걸어가시듯이 내 위를 짓밟고 걸어가셨으며, 언제나 앞으로 앞으로 걸어가시기만 하시고, 나를 영원한 기다림 속에 놓아 두셨던 당신이 도대체 나에게 무슨 의의가 있는 분이겠습니까? 한 번 나는 당신을 붙잡을 수 있으리라고 생각했습니다. 공중에 들떠 있는 것과 같은 당신을, 그 아이를 통해서 붙잡을 수 있으리라고 생각한 것입니다. 그러나 그것은 역시 '당신'의 아이였습니다. 하룻밤 사이에 흉악하게도 그 아이는 나를 버리고 훌쩍 여행을 떠나 버린 것이 아니었겠습니까! 그리고 나를 아주 잊어버리고,―그는 다시 돌아오지 않는 것이었습니다. 그리하여 나는 또다시 고독하게, 예전보다 더 한층, 고독하게 되었습니다. 이제 아무것도 나는 가지고 있지 않습니다. 당신의 아무것도 가지고 있지 않습니다.―당신의 것이라고는, 어린아이도 없으며, 한 마디의 말도 없으며, 한 줄의 편지도, 하나의 추억도 없습니다. 누군가가 당신 앞에서 내 이름을 부른다고 해도 당신은 그것을 낯설게 들어넘기실 것입니다. 내가 당신에게, 죽은 것과 마찬가지인 이상, 무엇 때문에 나는 죽기를 꺼려하겠습니까? 당신이 나에게서 가버리신 이상, 나는 무엇 때문에 더 이상 살아남을 필요가 있겠습니까. 아닙니다. 사랑하는 분이시여! 나는 당신을 원망하는 것이 아닙니다. 당신의 명랑한 집 속에, 나의 슬픔을 집어 던져넣으려고 하는 것도 아닙니다. 내가 더 이상 당신을 괴롭히지는 않을 것이니, 두려워하지 마십시오.―나는 어린아이가 죽어서 지금 나가자

빠져 있는 이 시간에, 나의 마음의 부르짖음을 단 한 번 부르짖지 않을 수가 없는 것입니다. 그것을 용서해 주세요! 다만 이 한 번만은 당신에게 이야기를 하지 않을 수 없는 것입니다.—그러나 단 한 번 이야기를 한 다음에는 어둠의 침묵 속으로 되돌아가는 것입니다. 여태까지도 당신 곁에 있으면서 항상 침묵을 지켜 온 것이니까요. 그러나 당신은 내가 살고 있는 한 이와 같은 부르짖음을 듣지 못하시는 것입니다.—다만 내가 죽었을 때에 당신은 이 유언을 나한테서 받게 되시는 것입니다. 어느 누구보다도 당신을 사랑하였던 여자, 그러면서도 당신은 한 번도 알아보아 주시지 않았던 그 여자로부터—항상 당신을 기다렸으며, 그러나 당신은 한 번도 부르지 않으셨던 그 여자로부터. 아마도 혹시 당신은 그때에는, 나를 부르실지도 모르겠지요. 그리고 나는 처음으로 당신의 부르심에 복종하지 못할 것입니다. 나는 그때에는 죽었기 때문에 당신의 말씀을 듣지 못할 것입니다. 무엇 한 가지 나에게 남겨 두시지 않은 당신과 마찬가지로, 나는 당신에게 사진 한 장도 남기지 않겠으며, 아무 사인도 남기지 않겠습니다. 그리하여 당신은 결코 나를 알아보시지 못하게 되실 것입니다. 언제까지나 나를, 영원히 잊지는 못하실 것입니다. 그것은 나의 일생에 있어서의 운명이었고 또한 나의 죽음에 있어서의 운명인 것입니다. 나는 나의 마지막 순간에도 당신을 부르지는 않겠습니다. 나는 당신이 나의 이름도, 얼굴도 아시지 못하는 채로 이 세상을 떠나 버리겠습니다. 당신이 멀리서라도 그것을 느끼지 못하시니까 나는 더 쉽게 죽을 수가 있습니다. 내가 죽는 것을 당신이 슬퍼하신다면, 나는 죽을 수도 없을 것이 아니겠습니까!

나는 이 이상 더 쓸 수가 없습니다… 나의 머리가 희미해지고 사지가 쑤셔 옵니다. 나는 열이 있는 것 같습니다… 나는 지금 곧 사라질 것만 같습니다. 그러나 아마 그러한 고통도 곧 지나가고, 아마, 운명은 다시 나에게 친절하게 될 것입니다. 그리하여 어린아이가 끌려가는 것도 보지 않을 수 있을는지요… 나는 이제 이 이상 글을 쓸 수가 없습니다. 안녕히 계십시오. 나의 애인이여! 안녕히 계십시오. 나는 당신에게 감사합니다.…그 모든 일이 있었지만 하여간에 그것은 그것으로 좋았습니다… 나는 당신에게 마지막 내 숨결이 있는 동안까지 감사를 드립니다. 내 마음은 시원합니다. 나는 당신에게 모든 것을 이야기하였습니다. 이제 당신도 아시겠지요. 아니, 다만 짐작은 하시겠지요. 내가 당신을 얼마나 사랑하였는가를, 그리고 그 사랑이 당신에게는 하등에 짐이 되지는 않으셨지요! 나는 당신을 조금도 괴롭혀 드리지는 않았습니다.—그것이 나의 위안이 되는 것입니다. 당신의 아름답고 명랑한 생활에 아무런 변화도 일으키지는 않았으니까요. …또한 나는 나의 죽음으로 당신에게 아무런 폐도 끼치지 않습니다. …그것은 나의 위안입니다. 나의 사랑하는 분이시여!

그러나 이제 앞으로 당신 생일날 누가… 대체 누가, 하얀 장미를 선사해 드릴까요? 아, 그 화병은 비어 있을 것입니다. 그 조그마한 숨결, 그 조그마한 나의 생의 호흡은, 1년에 한 번씩 당신의 둘레에서 숨을 쉬었지만, 또한 그것도 아주 없어질 것입니다! 사랑하는 분이시여! 제발 나의 청을 들어 주십시오. …그것은 나의 최초이며, 동시에 최후의 나의 요청인 것입니다. 제발 당신의 생일이 올 때마다―생일이라는 것은 사람이 자기 자신을 생각하는 날이니까요―장미꽃을 사셔서 그것을 그 화병에 꽂아 주십시오. 나의 부탁입니다. 사랑하는 분이시여! 제발 그렇게 해주십시오. 다른 사람들이 1년에 한 번씩 죽은 애인을 위하여 미사를 올리는 것처럼, 꼭 1년에 한 번씩 그렇게 해주십시오. 나는 이제 하느님도 믿지 않습니다. 그리고 미사도 믿지 않으렵니다. 나는 다만 당신을 믿고, 당신만을 사랑하고, 당신 마음속에서만 계속해서 살렵니다.―아, 1년에 단 하루만이라도 아주 고요하게 내가 당신 곁에 살았을 때처럼… 제발 사랑하는 분이시여! 나는 당신에게 청하겠습니다…. 이것은 당신에 대한 나의 최초의 청이며 또한 마지막 청인 것입니다… 나는 당신에게 감사합니다. …나는 당신을 사랑합니다. 나는 당신을 사랑합니다… 안녕히 계십시오….

그 남자는 떨리는 손으로 편지를 내려놓았다. 그리고 오래도록 생각하여 보았다. 희미한, 한 어느 기억이 머리에서 엉켜서, 이웃집 어린아이에 대한 추억이 되고, 어느 젊은 처녀에 대한 생각이 되고, 밤의 술집 여자에 대한 추억이 되어 떠올랐다. 그러나 그것은 명확하지 않았으며, 한데 엉키어서, 흘러 내려가는 강물의 밑바닥에 있는 자갈들이, 반짝반짝하고 형태 없이 떨리고 있는 것과 같은 그러한 추억이었다. 그림자가 머릿속에서 자꾸만 흘러가고 또 생기기는 하였지만 결국 어떤 형태를 이루지는 못하였다. 감각 속에서 무슨 추억이 느껴졌으나, 무엇을 확실히 기억해낼 수는 없는 것이었다. 그는 그 모든 형상들의 꿈을 꾸는 것 같았다. 가끔, 그리고 깊이 꿈을 꾼 것 같았다. 그러나 다만 그것은 꿈에 지나지 않는 것 같았다.

그 순간 그의 눈초리는 눈앞의 책상 위에 놓인 파란 화분에 떨어졌다. 그 병은 빈 병이었다. 지나간 몇 년 동안의 생일날에 있어서, 처음 보는 빈 병이었다. 그는 깜짝 놀랐다. 그는 보이지 않는 손으로 갑자기 문이 열려서, 차가운 바깥세상의 문바람이 고요한 방 속으로 스며 들어오는 듯싶었다. 그는 한 여인의 죽음을 느꼈다. 그리고 죽지 않는 영원의 사랑을 예감하였다. 그의 마음 한구석에서 무엇인가가 허물어지는 것 같았다. 먼 데서 들려오는 음악소리처럼, 그는 눈에 보이지 않는 어느 여자의 모습을 형태 없이, 그러나 훈훈한 애정을 가지고 생각하는 것이었다.

마음의 파멸(破滅)

마음의 파멸

  한 사람의 인간에게 결정적으로 정신의 타격을 주는 데는, 반드시 운명이 무슨 대단한 준비를 하여, 잔인하고 거친 힘을 가할 필요가 있는 것은 아니다. 오히려 아무것도 아닌 미약한 원인에서 시작되어, 파멸을 이루어 가는 데에 운명의 어찌 할 수 없는 독특한 창조력이 자극되는 것이다. 우리는 그와 같은 최초의 보잘것없는 접촉을 어리석은 우리 인간의 말로 '계기'라고 부르며, 그 조그마한 규모의 힘을 그후에 일어나는 굉장히 크고 계획적인 힘과 비교하여, 놀라는 것이다. 그러나 병이 나는 것이 결코 그것을 지각하였을 때에 시작되는 거라고 할 수 없는 것과 마찬가지로, 인간의 운명도 또한 눈에 보이게 되고, 확실한 사건으로 드러났을 때에 비로소 시작된다고는 할 수 없는 것이다. 다시 말하면 항상 운명은 외부에서 인간의 영혼을 동요시키기 전에 오래도록 내부에서 인간의 정신과 혈관 속에 잠복하여 지배를 하고 있는 것이다. 자각이란 벌써 자위(自衛)인 것이며, 대개의 경우에는 벌써 어쩔 수 없는 최후의 발악이 되는 것이다.

　솔로몬존이라고 불리는 그 노인은 자기 고향에서는 시 참의원이라고 부르는 명예직을 가지고 있었다. 그는 부활제를 맞이하여 집안식구들을 다 데리고 칼도네의 호텔에 휴양을 왔었는데, 어느 날 밤에 심한 고통으로 잠을 깨었다. 온몸이 무슨 딱딱한 나무통의 널조각으로 죄어드는 것 같았고, 눌린 가슴에서는 숨을 조금도 쉴 수가 없었다. 그는 깜짝 놀랐으나 그 전에도 종종 담낭(膽囊) 경련증은 있었다. 더구나 의사들이 충고하는 것도 듣지 않고, 가족들을 위하여 칼스바트의 온천 요양지로 향하는 대신, 여기 남쪽 지대로 휴양을 온 것이었다. 이것이 그 위험한 발작이 아닌가 하고 두려워하면서, 그는 조심조심 자기의 널따란 육체를 쓰다듬는 것이었다. 그러나 잠시 후에, 고통은 여전히 심하였지만 자기 증세의 원인을 확실히 알 수가 있어서 마음을 놓았다. 즉, 위(胃)가 몹시 아플 뿐이었는데, 그것은 익숙지 않은 이탈리아의 요리 때문이든지 그렇지 않으면 이 지방에서 종종 여행하는 사람을 괴롭히는 그 조그마한 중독증이라는 것이 확실하였다. 숨을 크게 쉬면서 떨리는 손을 제자리로 다시 돌려 왔지만 그 압박감은 여전하였고, 호흡을 곤란하게 하였다. 노인은 침대에서 묵직한 신음소리를 내고, 약간 몸을 움직여 보았다. 일어서서 몸을 움직이고 걸음을 걸어보고 하니까, 과연 눌리는 듯한 고통이 좀 약화되었다. 그러나 캄캄한 방 안에서는 거의 운동을 할 공간이 없었으며, 게다가 더블침대에서 잠자고 있는 부인의 잠을 깨워서 쓸데없이 근심을 시킬까 걱정이 되어서, 파자마를 둘러 쓰고 맨발로 슬리퍼를 걸친 채 조심조심 손으로 더듬으면서 바깥 낭하 쪽으로 나갔다. 바깥에서 이리저리 걸으며, 가슴의 답답함을 완화시키려고 한 것이다.

그가 문을 컴컴한 낭하 쪽으로 밀어 젖혔던 그 순간에 활짝 열려 있는 창을 통해서, 교회당의 탑에 있는 시간을 알리는 종소리가 들려왔다. 처음에는 묵직하게, 그 다음에는 차차 보드랍게 호수 위를 떨리며 밀려가는 종소리가, 네 개(個)였다. 새벽 네 시인 것이다.

긴 낭하는 완전히 암흑이었다. 그러나 낮 동안의 확실한 기억으로 이 낭하가 곧고, 가로로 기다랗다는 것을 그는 알고 있었다. 그래서 별로 등불을 필요로 하지 않고, 힘있게 숨을 쉬면서 이쪽 끝에서 저쪽 끝까지를 걷고 다시 나오고, 또다시 돌아오고 하였다. 차츰 가슴을 눌리는 기분이 풀어져 가는 것을 느끼며, 만족스러운 기분이었다. 몸에 이로운 운동을 적절히 하여서 대체로 그 고통도 사라졌으므로, 그는 다시 자기 방으로 돌아가려고 준비를 하였을 때에, 마침 무슨 소리가 나서 그 자리에 주춤하고 서버렸다. 어둠 속에서 어딘지 바로 가까이에서 들려오는 소리는 사람이 속삭이는 소리였다. 낮은 소리였지만 틀림없이 사람의 속삭임이었다. 건물의 어디선가 달그락거리는 소리가 나고 종알종알하더니 무엇인가 움직이는 것 같았다. 그러자 갑자기 캄캄한 암흑 속을 지나, 기다란 삼각형의 광선이 약 1초 동안 빵긋이 문틈을 통해서 새어나왔다. 무엇이었을까? 무의식적으로 노인은 한쪽 곁으로 몸을 숨겼다. 무슨 호기심이 있어서 그렇게 한 것은 아니다. 다만 몽유병자라고도 보일 것 같은 자기의 이상한 행동을 다른 사람에게 보일까 하는, 당연한 부끄러운 마음에 따라서 그렇게 한 것이었다. 그러나 그는 뜻하지 않게 그 순간 낭하 위에 광선이 반짝하자마자 그 방에서 하얀 옷을 입은 여자의 모습이 미끄러져 나와서 반대편 맨 끝의 방으로 사라지는 것을 본 것 같았다. 확실히 그 낭하의 제일 끝의 문(門) 중의 하나가 달그닥하고 가늘게 손잡이가 소리를 내었다. 그러고는 또다시 주위는 캄캄한 암흑이 되고, 쥐죽은 듯 조용할 뿐이었다.

노인은 갑자기 마치 심장에 일격을 받은 것같이 비틀거리기 시작했다. 거기, 바로 낭하의 제일 끝에는—거기 바로 문의 손잡이가 움직인 자리에는—거기는 다름 아닌 자기 방이 있는 곳이 아니었던가! 가족을 위하여 그가 세든 방 세 개가 있는 바로 그 장소가 아니던가! 자기 처는 바로 2,3분 전에, 자기가 나올 때에 아직도 잠을 자고 있었으니까, 그러면 그것은—아니다, 결코 착각은 아니다—모르는 사람의 방에서 되돌아온 여자의 모습은, 틀림없이 열아홉 살도 채 못 되는 자기의 딸 엘나가 아니고는 아무도 없을 것이다.

　노인은 전신이 떨리는 것을 느꼈다. 그 놀라움이 노인을 그토록 으실으실하게 만든 것이었다. 자기의 딸 엘나, 싹싹하고, 깔끔한 그 애가—아니다, 그럴 리가 없다! 자기의 착각임에 틀림없다—도대체 그 애가 모르는 사람의 방에서 무엇을 할 것이 있었단 말인가. 만약에…

　그 노인은 그와 같은 자기의 추리를 무슨 나쁜 짐승이라도 쫓듯이 떨어 버렸다. 그러나 유령과 같이 스쳐 지나간 그 여자의 영상이 사정없이 눈 망울에 달라붙어서, 아무리 떨어 버릴래야 떨어 버릴 수가 없었다. 도저히 벗어날 수가 없었던 것이다. 그는 확실한 것을 알지 않고서는 견딜 수가 없었다. 허덕허덕 숨을 몰아쉬며, 그는 낭하의 벽을 더듬으면서, 자기 방의 옆에 있는 딸의 방문 앞까지 걸어왔다. 과연 놀라운 일이었다.—틀림없이 그 장소에, 바로 낭하의 그 문앞에, 희미한 광선의 실오라기가, 문틈을 지나서 아직도 떨고 있는 단 하나의 방이었다. 그리고 열쇠구멍을 통해서 하얀 광선의 점이 비쳐 나오는 것이 아닌가! 새벽 4시라는데, 그 아이는 아직도 방에 불을 켜고 있다니! 그리고 그뿐이 아니었다. 바로 그 찰나에, 방 속에서 전기 스위치가 딸깍 하고는, 하얀 광선의 실오라기도 흔적없이, 캄캄한 어둠 속으로 사라져 버리는 것이 아닌가—아니다, 아니다! 이제 와서 스스로 속이고 안심을 하여도 소용이 없다—엘나다. 자기의 딸이다. 밤중에 모르는 사람의 침대에서 몰래 빠져나와 자기 침상으로 돌아오는 것은, 틀림없이 그 애였다.

노인은 놀라움과 추위에 몸을 부들부들 떨었다. 동시에 전신에서 땀이 비질비질 나오는 것이었다. 그리하여 털 구멍마다 땀이 가득 흘러넘쳤다. 저 문을 때려부수고, 두 주먹으로 그 애를 때려눕혀야겠다. 그 염치도 체면도 없는 그 년을… 하는 것이 그의 최초의 느낌이었다. 그러나 두 다리는 널따란 육체를 지탱할 힘이 없어서 비틀거렸으며, 간신히 자기 방으로 들어가서 몸을 침대에 눕히는 것이 그에게는 가까스로였다. 거기서 그는 감각마저 희미하여져서 총에 맞은 동물처럼 잠자리에 쓰러지고 말았다.

그 노인은 자기 침대에 누운 채 몸을 까딱도 할 수가 없었다. 어둠 속에서 두 눈을 번쩍 뜨고 허공을 응시하고 있었다. 옆에서는 아무 걱정 없는, 만족한 자기 아내의 숨소리가 계속되고 있다. 처음에는 아내를 흔들어 깨워서, 그 무서운 발견에 대한 이야기를 하고, 가슴에 뭉친 생각을 마음껏 소리질러 풀고, 속이 시원하도록 야단

법석을 피울 생각이었다. 그러나 그 흉악한 일을 어떻게 말로, 어떻게 큰 소리로 이야기를 한단 말인가? 아니다, 아니다. 그런 말은 결코 나의 입술에는 오를 수가 없는 말이다. 그러나, 그러면 어떻게 한단 말이냐? 어떻게 한단 말이냐?

그는 천천히 생각을 하여 보려고 하였다. 그러나 그의 생각은 박쥐와 같이 앞뒤가 없어, 서로 엉키고 엉키기만 하였다. 그것이야말로 참으로 흉악망칙한 일이었다.—설마 엘나가, 그 귀엽고 아양 떠는 눈을 가진 얌전하고 말쑥한 그 애가… 그 애가, 조그맣고 빨가스롬한 손가락으로 새까만 글자를 애를 써서 간신히 쓰고 있는 것을 본 것은 언제이며, 교과서를 떠듬떠듬 열심히 읽고 있는 것을 본 것은 언제였던가…. 그 애가 하늘색 교복을 입고 학교에서 돌아오면 과자가게로 데려가 아직도 입에 사탕가루가 묻은 입으로 어린아이의 키스를 하던 것이 언제 일이었던가, 그것은 바로 어제 일이 아니었던가…. 아니다, 벌써 여러 해 전의 일이다…. 그러나 어제만 해도, 사실로 어제만 해도 어린아이처럼 그 애가 백화점의 진열장 속에 아름답게 놓여 있는 푸르고 금빛나는 세타를 사달라고 조르지 않았던가. "아빠, 아빠. 저것 좀 사줘요 네! 네!"—두 손을 모아 미소를 띠고서 그렇게 조르지 않았던가. 절대로 거절할 수 없는, 자신이 넘쳐 흐르는 유쾌한 미소였는데…. 그런데 지금은, 바로 지금은 그 애가 자기 방문에서 열 치도 떨어지지 않은 자리에, 밤도 한밤중에 모르는 남자의 침대 속으로 빠져 들어가 추잡하게도 벌거벗고 뒹굴었던 것이 아닌가…….

"아이구머니나!…… 아이구머니나!……"

그는 자기도 모르는 사이에 그렇게 신음을 하였다.

"이 창피를! 이 창피를 어찌 한단 말이냐!…… 내 아이가, 그 얌전하고 상냥한 아이가 어느 모르는 남자와 함께…… 도대체 어느 놈과?…… 그놈은 대체 누구일까?…… 우리가 여기 칼도네에 오기를, 겨우 사흘 전에 온 것인데, 그리고 그 애는 먼저부터 그 멋쟁이 남자들과는 알지 못하였을 텐데. 저 뾰죽머리의 우발듸 백작도, 그 이탈리아 장교도, 또는 맥클렌 부루크의 신사 기수(騎手)도 전혀 알지 못했을 텐데……. 그들을 알게 된 것은 둘쨋 날의 댄스 때에 비로소 알게 된 것인데, 벌써 그 애는 어느…… 아니다. 그것이 최초의 남자라고도 할 수 없을 것이다. 훨씬 전부터 시작됐을는지도 모른다. ……집에 있을 때부터…… 그런데도 나는 아무것도 몰랐지. 나는 눈치도 못 챘지. 나는 바보였어. 참으로 큰 바보였지……. 그러나 나는 대체로 가족들에 대해서 무엇을 알 수가 있었을까?…… 하루 종일 나는 그들을 위해서 일을 하고 있었으니! 열네 시간 동안 골방 속에 앉아 있으며, 또 그와 똑 마찬가지로 예전에는 견본이 든 가방을 들고서 이리저리 기차를 타고 다닐 뿐이 아니었던가……. 가족을 위하여 돈을 벌자는 생각만으로. 돈, 돈, 그들이 좋은 옷을 입고 풍족한 생활을 할 수 있게 하기 위하여…. 그러나 저녁에 피곤하고, 기진맥진하여, 집으로 돌아왔을 때 그들은 집에도 있지 않았단 말이야. 극장으로 무도회로 사교장으로… 그런 데에, 대체 내가 그들에 대해서 무엇을 알 수 있었을까? 하루 종일 무슨 일을 하고 다니는 것인지?… 이제 내가 알 수 있는 것은 나의 아이가 밤중에 그 젊고 깨끗한 육체를 가지고 남자들한테로 간다는 것을, 마치 거리의 여자들처럼 행동한다는 것을 알 뿐이다. … 오, 이 얼마나 수치스러운 일인가!"

노인은 몇 번이고 되풀이하여서 신음하였다. 차례차례로 새로운 생각이 나서 그것이 점점 상처를 깊게 하여 갔다. 그에게는 마치 피투성이가 된 뇌가 갈라져서 벌어진 그 속에 빨간 구더기들이 우글거리는 것 같은 기분이었다.

그런데 어째서 나는 그 모든 것을 참아만 왔을까?… 어째서 나는 지금도 여기에 누워서 나 혼자 고통을 당하고 있는 것일까? 그년은 음탕한 몸을 가지고 풍족하게 잠만 잘 자고 있는데… 어째서 나는 지금 당장이라도 그 방으로 뛰어 들어가서 내가 그 애의 추태를 알고 있는 것을 폭로해 주지 않는 것일까?… 무엇 때문에 나는 그년의 뼈다귀라도 부러뜨려 버리지 않는단 말인가? …내가 비겁하기 때문이다. …항상 나는 그 두 사람, 아내와 딸에 대해서는 약하기만 하였지…. 모든 일을 나는 그들에게 양보만 하였어…. 나는 그들의 생활을 풍족하게 해준다는 것을 자랑삼고 있었으니까. 내 자신의 생활은 아무리 비참할지라도… 손가락의 손톱으로 돈을 긁어모으지 않았던가. 한푼 또 한푼… 그들을 만족하게 해주기 위해서는 나는 손바닥의 살이라도 떼어 주려고 하였지…. 그런데 내가 그들을 부유하게 만들어 놓자마자 벌써 그들은 나를 창피하다고 하지 않는가 말야…. 그들에게는 내가 충분히 고상하지 않다는 것이 탈이 되었어…. 너무나 교양이 없고… 그렇지만 내가 어떻게 교육을 받을 수 있었단 말이냐? 열두 살 때부터 벌써 나는 학교를 집어치우지 않으면 안 되었지. 나는 돈을 벌어야 했기 때문에, 돈을 벌고 돈을 벌고… 견본가방을 들고 다니며 이 마을에서 저 마을로 왔다갔다하고, 그후에는 이 도시에서 저 도시로, 대리점을 열지 않으면 안 되었지. 그리고 그후에야 내 자신의 상점을 갖게 되었단 말이야…. 그런데 그후에 겨우 생활이 풍족하게 되고, 자기 자신의 집을 갖게 되자마자, 그들은 벌써 나의 예전 독실한 좋은 이름을 좋아하지 않았어… 그래서 시 참사관이라든지 추밀(樞密) 고문관, 하는 이름을 돈을 내고 사지 않으면 안 되었지. 그대로 솔로몬존 씨부인이라고 불리는 것을 달갑게 여기지 않았단 말이야, 그리하여 조금 더 고상하게 보이려고… 고상하게! 고상하게! …내가 그 고상한 체하는 것을 반대하였다고. 그리고 그들에 '세련된' 사교를 못마땅하다고 하였을 때 그들은 배꼽을 쥐고 웃었지. 내가 그들에게 우리 돌아가신 어머니가 어떻게 살림을 하셨는지 이야기를 하였을 때도. 어머니가 얼마나 조용하고 겸손하고 다만 아버지와 우리들을 위해서만 일을 하셨는지 이야기를 하였을 때에 그들은 깔깔대고 웃었지…. 날 보고 구식이라고 이름을 지었어…. "아빠는 정말 구식이야." 그 애는 항상 그렇게 나를 비웃었어…. 그렇지, 구식이지. 그렇지…. 그래서 지금 그 애는 알지도 못하는 침대에 알지도 못하는 남자와 같이 누워 있단 말이냐. 나의 딸이, 나의 하나밖에 없는 귀염둥이 딸이… 오, 이 창피여! 이 창피….

그와 같은 고민의 한숨이 그 노인의 가슴에서 무섭게 튀어나와서 옆에 자고 있던 부인이 잠을 깨웠다.

"무슨 일이세요?"

그 여자는 잠결에 그렇게 물었다. 노인은 몸을 웅크리고 움직이지 않았다. 그리고 숨을 참았다. 그리하여 그는 움직이지도 않고 그의 고통에 어두운 관 속에 사로잡혀 아침이 될 때까지 누워 있었다. 이 생각 저 생각에 가슴은 마치 벌레에게 뜯어먹힌 것 같은 상태였다.

그는 조반식탁에 나타난 최초의 사람이었다. 한탄성을 크게 발하면서 자리에 앉았는데, 한입 먹을 때마다 구역질을 참을 수가 없었다.

'또 혼자란 말야.' 하고 그는 생각했다.

'언제나 혼자란 말야!… 내가 아침에 사무실에 나갈 때도 그들은 춤을 추고 극장에 다녀와서 피곤하여 늘씬하게 잠을 자고 있지…. 내가 저녁에 집으로 돌아올 때는 그들은 벌써 오락장으로 사교장으로 나가서 없고, … 그런 때는 나를 전혀 필요로 하지 않는단 말이지… 아아, 돈! 그 망할 놈의 돈이, 그들을 다 버려 놓은 것이야. …그것이 그들을 나로부터 멀게 하여 놓은 것이야. 어리석은 나는 그것을 모으느라고 고생을 한 끝에, 내 스스로를 도난당하고, 내 스스로를 빈곤하게 하고, 그들까지도 나쁘게 만들어 놓았어…. 50년이라는, 뜻없는 긴 세월을 통해서, 나는 골신이 깨어져라 일을 하고, 하루 한낮이라도 쉬어 본 적이 없었지. 그런데 지금에 와서는 이렇게 쓸쓸하게 고독하단 말이야….'

그는 점점 참을 수 없는 초조감에 사로잡혔다.

'어째서 그 애는 오지 않는 것일까…. 나는 그 애하고 이야기를 해야겠어. 그 애한테 이야기를 하지 않으면 안되겠어…. 그리고 곧 여기를 떠나야지…. 어째서 그 애는 오지 않을까. …아마 그 애는 아직도 피곤한 모양이지. 여기서 내가 이렇게 가슴을 졸이고 있는데, 그 애는 좋은 기분으로 편안히 잠을 자고 있단 말이야. 이 어리석은 나는… 그리고 또 그 엄마라는 작자는, 화장을 하는 데 몇 시간이고 걸리고, 목욕을 해야 하고, 마사지를 하여야 한다지! 손톱손질이니 머리손질이니 다하고 나면, 11시 전에는 내려올 수 없단 말야…. 그꼴인데, 무슨 놀랄 일이 있겠어?… 그래서 아이가 무엇이 될 것이란 말이야?… 오! 그 돈, 그 망할 놈의 돈.'

뒤쪽에서 가벼운 발소리가 들려왔다.

"아빠, 안녕히 주무셨어요? 간밤에는 푹 쉬셨겠지요."

측면에서 무엇인가가 보드랍게 구부리고, 가까이 왔다. 지끈지끈하는 이마에 가벼운 키스가 살짝 와닿았다. 그는 무의식중에 고개를 돌렸다. 후끈하고 달콤한, 코티분 향기가 그에게 구토증을 주었기 때문이다. 그리고 나서…,

"어쩐 일이세요, 아빠… 또 기분 나쁘신 일이 있으셔요.… 여봐요 보이, 커피 한 잔 하고 햄 에그 갖다 주세요. 잠을 잘못 주무셨나요? 그렇지 않으면 무슨 나쁜 소식이 있어요?"

노인은 마음을 억지로 억눌렀다. 자기의 딸을 쳐다볼 용기가 없어서, 머리를 숙인 채 아무 말도 안했다. 그 여자의 손이 식탁 위에 놓여 있는 것만 보일 뿐이었다. 그 귀여운 손, 손톱에 매니큐어를 한 그 손은 귀염받는 날씬한 사냥개가 잔디밭에서 뒹구는 것처럼 제멋대로 놀고 있었다. 노인은 몸을 떨었다. 어물어물 눈동자를 들어서 그 여자의 보드랍고 처녀다운 팔 위를 눈으로 더

들어 갔다. 어린아이의 귀염성스러운 그 팔은 예전에는… 그렇지! 벌써 얼마나 많은 세월이 지나간 것일까? 잠을 자러 침대로 들어가기 전에는, 자주 부둥켜 안았던 그 팔… 그리고 새로 산 스웨터의 밑에서 뭉실뭉실하게, 호흡에 따라 흔들리고 있는, 젖가슴의 보드라운 곡선이 눈에 띄었다.

'벌거벗은 나체로… 나체로… 모르는 남자와 함께 뒹굴었겠지'하고 노인은 분노에 차서 생각하는 것이었다.

'그놈은 모든 것을 남김없이 붙잡고, 만져 보고, 애무하고, 맛보고, 향락하였겠지. …나의 육신인 그 아이를… 나의 살과 피를… 오, 얼토당토 않은 모르는 놈이… 오… 오….'

자기도 모르는 사이에 노인은 또다시 신음소리를 내었다.

"어쩐 일이세요, 아빠?"

딸은 아양을 떨면서 몸을 가까이 가져다 댔다.

'내가 어쩐 일이냐고?'

속으로 그는 그렇게 외치는 것이었다.

'갈보가 된 딸을 갖고서도 그것을 말할 용기가 없단 말이지.'

그러나 그는 다만 명료하지 않은 말 한마디를 중얼거렸을 뿐이었다.

"아니야, 아무것도 아니야!"

그는 재빨리 신문을 붙잡고 펼쳐들면서 이상하게 여기는 딸의 눈총을 막는 바리케이트로 하였다. 점점 그는 그 여자의 눈과 마주칠 용기를 잃어버린 것 같은 기분이었기 때문이었다. 손이 막 떨리기 시작하였다.

'지금 이야기를 하지 않으면 안 되겠다. 바로 지금, 우리들이 단둘이 있을 때가 아니면 안 되겠다.'

그와 같은 생각이 그를 괴롭혔다. 그러나 목소리는 좀체로 나오지 않았다. 심지어 눈을 거들떠 뜰 기력조차 갖지를 못한 것이었다.

그때 갑자기 그는 안락의자를 뒤로 벌떡 제치며 무거운 발걸음으로 정원 쪽을 향하여 도망쳐 갔다. 커다란 눈물방울이 자기의 뜻에 반해서 뺨을 지나 흘러내려오는 것을 느꼈기 때문이었다. 그것을 딸에게 보일 수가 없었던 것이다.

다리가 짧은 그 노인은 정원 속을 이리저리 헤매이면서 호수 위를 오래도록 응시하고 있었다. 억지로 참은 눈물 때문에 그의 눈은 속으로부터 멀 것처럼 되었지만 그래도 그 아름다운 경치를 쳐다보지 않을 수 없었다. 은빛 같은 광선의 저쪽이 푸른 파도와도 같이 높아지면서 사이프러스 나무의 가는 선으로 새까맣게 그려진 몇 개의 언덕이 보드라운 색채로 채색되어 있었다. 그 배후에는 마치 귀여운 아이들이 보잘것없는 장난들을 하는 것을 바라보고 있는 엄숙한 어른들같이, 험준하지만 그래도 교만한 기색은 없이 사랑스러운 호수의 자태를 내려다보면서, 즐비한 산맥들이 솟아 오르고 있었다. 그와 같은 경치는 얼마나 광활하고 꽃다운 안락한 자세로 펼쳐져 있었으며, 너그럽고 행복함을 받으려고 그 시간을 초월한 신성한 신의 미소를 남쪽으로 이끌어 들이고 있는 것이었을까!

"행복?" 하고 노인은 헝클어지는 생각을 머릿 속에서 가다듬으면서 무거운 머리를 휘 저었다.

"여기서는 어쩌면 행복하게 될는지도 모르겠다. 언젠가는 나도 그렇게 되고자 원하지 않은가. 그리고 근심이 없는 세계가 얼마나 아름다운 세계인가 하고 자기도 한 번 겪어 보고 싶다고 생각하지 않았던가…. 기나긴 50년 동안 장부(帳簿)와 계산과 흥정과 가격과 그런 것으로 세월을 보낸 다음에 한 번은 그래도 명랑하고 기분 좋은 며칠간을 향락해 보겠다고… 꼭 한 번은…. 이제 나이 예순다섯 살에, 정말이지 죽음이 이 몸에 가까이 와 있는데, 돈이 있으면 무엇을 하고, 의사가 있으면 무슨 소용이 있으랴. …다만 그 전에 마음놓고 숨을 푹 쉴 수 있는 날이 약간 있으면 좋겠다고 생각하는 것이다. 꼭 한 번만은 내 자신을 위해서…. 그러나 돌아가신 아버님께서는 언제나 이렇게 말씀하셨지, '향락이라는 것은 우리들에게 당치도 않은 것이야. 무덤에 갈 때까지

잔등에 무거운 짐을 잔뜩 지고 있는 것이니까'. …어저께도 나는 그렇게 생각했다. 한 번쯤은 나도 호강을 좀 해봐도 좋지 않은가 하고…. 말하자면 어제는 그래도 나는 행복한 사람이었지. 아름답고 명랑한 나의 아이를 가졌다고, 나는 기뻐하였지. 나는 그 애가 기뻐하는 것을 기뻐하였지…. 그런데 벌써 하느님은 벌을 주셨어 그 기쁨조차 빼앗아 가셨단 말이야, 이제 나는 내 자신의 아이하고도 이야기를 할 수가 없단 말이야…. 나는 그 애의 눈을 똑바로 쳐다볼 수가 없어. 나는 부끄러워서… 언제나 나는 그것을 생각하지 않을 수 없을 거야. 집에 있든 사무실에 있든, 밤중에 침대에 누워 있든 간에. 그 애는 지금 어디 있는 것일까? 어디 있었던 것일까? 무슨 짓을 하였을 것인가? …이제는 평온한 기분으로 집에 돌아갈 수도 없게 되었어. 집에는 그 애가 앉아 있다가 나를 보고 뛰어나와서 마중하겠지. 그러나 그때에는 내 마음이 덜컥 열리는 것이야. 그 젊고 아름다운 애를 보면… 그리고 그 애가 나한테 키스를 하면 어젯 밤에는 누가 그 입술을 가졌던가, 그 애의 입술을 가졌던가 하고 나는 자문자답할 것이 아닌가? …그 애가 내 눈앞에 있지 않을 때도 나는 항상 근심 속에 있을 것이고, 그 애가 눈앞에 있을 때는, 그때마다 항상 나는 부끄러워할 것이 아니냐— 안 될 말이야! 그렇게는 살 수가 없어… 그렇게는 도저히 살아갈 수가 없을 거야!…"

노인은 중얼중얼 말을 하면서 술취한 사람처럼 비틀비틀하였다. 자꾸만 되풀이해서 호수를 바라보며, 몇 번이고 눈물줄기가 흘러서 수염 속으로 흘러내려 갔다. 그가 안경을 벗어들고 근시안의 축축한 눈을 멍청하니 좁은 길 위에 던지고 서 있어서, 지나가던 정원사까지 깜짝 놀라 우뚝 서버렸다. 정원사는 깔깔대고 큰 소리로 웃더니, 두어 마디 이탈리아 말로 농담을 걸어서, 그 당황하고 있는 노인 뒤에 내던지는 것이었다. 그 소리에, 노인은 고통에 취한 상태로부터 잠을 깨었다. 그리고 안경을 손에 들고, 정원의 한옆으로 피해 갔다. 그 근처 어디에서 벤치를 찾아 앉아 사람들이 오는 것을 피하려고 한 것이다.

그런데 그가 정원 뒤 쪽의 으슥한 자리로 다가가자마자, 왼쪽에서 웃음소리가 들려와서, 다시 한 번 깜짝 놀랐다. …웃음소리, 그것은 그가 잘 아는 소리였다. 그것은 지금 그의 마음에 찢는 듯한 고통을 주는 바로 그 소리였다. 지나간 19년 동안에는, 그의 음악소리였으며… 그 웃음소리 하나를 위하여 며칠 밤이고, 야간의 3등기차를 타고 포젠까지 또는 헝가리까지라도 여행하였던 것이다. 그들 위에 무엇인가를 뿌려 주기 위해서. 다시 말하면 노란 옥토(沃土)를 뿌려 주기 위해서였지…. 그가 살아온 것은 단지 그와 같은 웃음 때문이었고, 몸속의 쓸개가 병들 만큼 화를 낸 것도… 다만 그 웃음소리가 언제나 귀여운 그 입 주위에 머물러 있기를 바라서였다. 그런데 지금은 그것이 새빨갛게 달아 오르는 톱과 같이 배 안의 창자 속에서 마구 자르고 베는 것 같았다. 그 지긋지긋한 웃음소리는….

그런데도 불구하고 그 소리는 듣지 않으려고 하는 노인을 잡아끄는 것이었다. 테니스 코트에 서 있는 딸은 맨손에 라켓을 붙잡고 휘두르며, 그 팔의 하늘하늘하는 관절로 공을 하늘 높이 쳐올리고 다시 받고 하는 것이었다. 그리고 소용돌이치는 라켓과 더불어 매번 말끔한 웃음소리가 동시에 새파란 대공 속으로 춤을 추며 올라가는 것이다. 그 모습을 경탄하며 바라보고 있는 세 사람의 신사는, 너불너불하는 테니스 운동복을 입고 있는 우발듸 백작과 몸에 근육이 팽팽해지도록 꼭 맞는 군복을 입은 장교와, 그리고 나무랄 데 없이 말쑥하게 승마용 바지를 입고 있는 신사 기수였다. 날카로운 옆모습을 보이고 있는 세 남자가 동상처럼 우두커니 서서 나비같이 팔랑거리는 연기자를 주시하고 있었다. 노인조차 매혹되어서 그대로 서 버렸다.

"아하, 맨정강이가 그대로 드러나는 그 아이의 사뿐사뿐한 옷과 더불어, 얼마나 그 아이는 아름답게 빛나는 것일까!'

흘러 들어오는 햇빛이 금발의 머리털 속에서 무지개처럼 찬란하게 비치고 있지 않은가. 그리고 그 젊은 수

족은 도약하고 뛰고 하는 동안에 자기 자신의 경쾌함을 자각하는 것 같았으며, 율동적으로 하늘하늘하게 말 잘 듣는 관절의 움직임에 스스로 취하고 또 취함을 당하며, 행복 그 자체 속에 감싸여 있는 것 같았다. 그때 그 여자는 한창 신이 나서 하얀 테니스 공을 하늘 높이 던져 올리고 또 하나 그리고 또 하나 세 개를 계속해서 쳐올렸다. 그 공을 잡느라고 몸을 구부리며 날씬한 나뭇가지처럼 약동하는 처녀의 그 모습은 참으로 놀라운 것이었다. 마지막 공을 잡느라고 처녀의 육체는 다시 한 번 발딱하였다. 노인은 그러한 광경을 아직껏 한 번도 본 적이 없었다. 그것은 찬란한 의기에 점화되어서, 하얗고 나부끼는 불꽃이 스스로 은색의 연기와도 같은 웃음소리로 불타 오르는 육체의 화염이라고 할까―말하자면 남쪽나라의 정원의 상록수에서 거울과 같이 반짝이는 보드라운 호수로부터 갑자기 솟아 나온 처녀신(處女神) 그 자체인 것 같았다. 그 날씬하고 탄력 있는 육체는 고향의 도시에 있을 때에는, 아무리 유희에 열중하였을 때도 그처럼 춤을 추듯이 심하게 긴장된 적은 없었다. 없었지! 결코 없었지. 음침하게 돌벽으로 둘러싸인 도시에서는 결코 그러한 딸의 모습을 보지는 못하였던 것이었다. 그뿐 아니라 방에서나 거리를 갈 때도 딸의 목소리가 그와 같이 현세의 침울에서 벗어나서, 저렇게까지 종달새처럼 자유롭고 노랫소리와도 같이 밝고 명랑한 은

색을 띤 적은 없었다. 아니 그뿐만 아니라, 그렇게 아름다운 딸의 모습을 보는 것이 처음인 것 같았다. 노인은 그저 정신없이 바라보고, 또 바라보고만 하였다. 모든 것을 다 잊어버리고 미끄러져 나가는 그 하얀 화염을 응시할 뿐이었다. 그리하여 만일 그 여자가 재빠르게 몸을 돌려, 껑충 크게 뛰어오르며, 마침내 요술을 부리듯이 쳐올린 테니스 공의 마지막 한 개까지 받아들지 않았더라면—그리고 숨을 할딱이며, 뺨을 화끈거리고, 자랑스러운 눈초리로 웃음을 터트리면서 그것을 가슴에 모두 안지 않았더라면, 노인은 흥분한 눈초리로 딸의 모습을 언제까지라도 빨아들이려는 듯이 바라다보고만 있었을 것이다.

"브라보, 브라보!"

하고 마치 오페라의 아리아가 끝났을 때처럼 세 사람의 신사는 능란한 처녀의 공받기를 쳐다보고 있다가, 박수 갈채를 보냈다. 그 목소리가 노인을 황홀경에서부터 잠깨웠다. 그리하여 심한 분노를 가지고 노인은 그들을 노려보는 것이었다.

'바로 저놈들이구나, 저 놈팽이들.'

노인의 심장은 두근두근하였다.

'저놈들이구나. …그러나 저놈들 가운데 어느 놈일까?… 그 애를 소유한 것은 저 셋 중에 어느 놈일까?… 그런데 저 몹쓸 놈들은 어쩌면 저렇게 모양을 부리고 향수를 뿌리고 머리를 손질하고…. 우리는 그놈들 나이또래에는, 다 떨어진 바지를 입고 사무실에 버티고 앉아 있어야 했고, 또 단골손님들한테 다니느라고 신 뒷꿈치를 다 떨어뜨리고 돌아다니지 않으면 안 되었는데…. 저놈들의 애비들도 아마 지금까지라도, 아마 그와 같이 앉아 있으며 저놈들 때문에 골신을 뽑으며, 고생을 하고 있겠지…. 그런데 저놈들은 넓은 세계를 이리저리 놀러 다니고, 하느님의 거룩하신 하루하루를 헛되이 보내고, 거리낌 없는 얼굴을 태양에 마구 태우며, 대담하고 명랑한 눈알을 가지고 있단 말이야…. 그렇게 할 수 있다면 누구나 쉽게 기운을 내고 만족할 수도 있을 거야. 허영심이 많은 계집아이에게, 달콤한 말이라도 한두 마디 건네기만 하면, 벌써 그 애는 자기 침대 속으로 기어 들어온단 말이지…. 그런데 대체 저 세 사람 중에 누구일까? 어느 놈일까? … 저놈들 중의 하나는 그 애의 옷을 통하여 나체를 들여다보고 입맛을 쩝쩝, 다시고 있을 것이 틀림없어! '저 처녀를 내가 맛보았지.'하면서…. 벌거벗은 그 애의 따뜻한 몸을 알고 있단 말이야! 그리고 '오늘밤도 또한' 하며 윙크를 보내고 있을거야―아, 그 개자식 같은 놈! 그놈을 때려눕힐 수만 있으면, 그 개놈을!'

건너편에 서 있는 노인의 모습을 상대방에서도 알아차렸다. 딸은 라켓을 휘저으면서 인사를 보냈다. 그리고 방긋 미소를 띠었다. 신사들도 인사를 하였다. 그러나 그는 답례하지 않고 눈물이 흘러나올 듯한, 핏기가 가득 찬 눈으로 딸의 쾌활한 입을 노려보고만 있었다.

 '아직도 너는 그렇게 웃을 수가 있다니! 이 창피를 모르는 년아…. 그러나 저놈들 중에 하나는 아마 속으로 웃음을 웃고 이렇게 생각을 하겠지— '저기 저 바보가 서 있구나, 밤새도록 침대가 무너질 지경으로 코만 골고 자는 유태인 늙은이가… 저놈의 늙은이가 알기만 한다면'— 그렇게 생각하고 있겠지…. 그렇지, 나는 알고 있다. 너희들이 웃고 있단 말이야. 너희들은 더러운 모포 조각 모양, 나를 짓밟고 가는 것이지. …그런데 저 딸년은, 그년은 얼씨구나 좋다, 하고 살짝 너희들의 침대 속으로 기어 들어갔단 말이야…. 그런데 그 어머니라는 작자는, 벌써 좀 뚱뚱해진 지긋한 사람이, 더덕더덕 바르고 차리고 화장만 한단 말이지. 그리고 그뿐 아니라 누가 청하기만 하면 지금도 뻔뻔스럽게도, 춤을 추러 가는 것이지…. 그래, 너희들이 옳았어, 이 개녀석들아. 너희들이 옳았단 말야. 바람난 계집년들이, 너희들을 쫓아다녔다면, 쫓아다닌 년들이 나쁘지… 너희들이야, 무슨 상관이 있겠나 말이야, 그때에 어느 늙은이의 마음이 멸망하거나 말거나… 너희들은 재미만 보면 되는 것이지. 그렇지. 그리고 그년들은 그년들 대로 재미를 보면 되는 것이야. 그 망신할 계집들도… 누가 권총으로라도 너희들을 쏴죽여 버렸으면. 채찍으로 너희들을 때려 무찔러 주었으면…. 그러나 아무도 그러한 일을 하지 않는 한, 너희들은 정당하지…. 아무도 그런 일을 못하고, 개가 토한 음식을 그대로 삼키듯이 분통이 터지는 그런 일도 꾹꾹 삼키고 말아야 한단 말이야…. 하여간에 너희들이 옳지. 인간이 그렇게 비겁한 한에 있어서는, 그렇게 불쌍하리만큼 비겁한 한에 있어서는, 너희들이 옳아…. 달려가서 그년들을 꽉 붙잡고 손목을 끌어서 그 망신할 년을 너희들한테서 뺏어 오기 전에는, 너희들은 당당하단 말야…. 아무 말도 안하고 여기 가만히 서서 속으로만 울화가 치밀어오르는 것을 꾹꾹 참고 비겁하게… 비겁하게… 이렇게 비겁하게 있는 한에는, 너희들은 정당하단 말야….'

노인은 몸을 난간에 기대었다. 정신이 빙빙 돌 만큼이나 분노가 치밀어서, 그냥 서 있을 수가 없었던 것이다. 그러더니, 침을 발앞에 탁 뱉고 비틀비틀하며 정원으로부터 밖으로 나와 버렸다.

노인은 총총걸음으로 작은 도시 속으로 가서 어느 상점의 진열장 앞에 우뚝 섰다. 셔츠, 네트, 블라우스, 낚시도구, 넥타이, 책, 과자 등등의 여러 가지 여행물품이 뒤섞여서 마구 놓여, 인공적인 피라미드를 형성하고, 화려한 층계를 이루고 있었다. 그러나 그의 시선은 그러한 여러 물건들이 가득 쌓여 있는 한켠으로 놓여 있는 어느 한 물건만을 노리고 있었다. 굵직하고 울퉁불퉁한, 마디가 없는 지팡이었다. 지팡이 끝은 쇠를 박아서 단단하게 되어 있었으며, 손에 들면 묵직한 게 한 번 휘두르면 굉장히 힘 센 타격을 줄 수 있을 것 같았다.

'후들겨 갈겨야지… 그 개놈들을 후들겨 갈겨야지!'

그와 같은 생각이 노인의 기분을 혼란하고도 일종의 육감적인 도취경 속으로 이끌었다. 자기도 모르게 그 소매상으로 뛰어들어서 약간의 돈을 주고 그 울퉁불퉁한 지팡이를 샀다. 그리고 묵직하고 위험한 무게를 가진 물건을 움켜잡자 어쩐지 힘이 더 강해진 것같이 느꼈다. 언제나 무기라는 것은 육체적으로 약한 사람에게 기분을 강하게 해주는 것이다. 노인은 지팡이의 손잡이로부터 근육이 한층 긴장해서 강해지는 것 같은 기분을 느꼈다.

"때려눕혀야지… 때려눕혀 주겠다. 저 개놈들을!"
하고 혼잣말을 중얼거리면서, 무의식중에 비틀거리고 무겁다란 걸음걸이가 원기 있고 재빠른 걸음걸이로 변하여졌다. 그리하여 그는 항구도시의 이 길 저 길을 걸어다녔다. 걸어다녔다기보다는 오히려 땀을 흘리며 뛰다시피 하고 달리고 있었다는 깃이 좋을 것이다. 그러나 그것은 걸음을 빨리 한 것이 아니라 마음의 격렬함이 튕겨져 나온 때문이었다. 왜냐하면 손은 점점 더 흥분하여 경련적으로 묵직한 지팡이를 꽉 쥐고 있었기 때문이다.
 무기를 손에 들고 홀 속의 푸릇푸릇하고 시원한 그늘에 들어가자마자, 즉시 흥분한 눈초리로 보이지 않는 적을 찾았다. 그러자 과연 한구석의 보드라운 등의자에 모두들 함께 모여 앉아 있었다. 위스키 소다를 가느다란 밀집을 통해서 빨아먹으며 게으름뱅이의 독특한 친밀성을 가지고, 지극히 명랑하게들 이야기하고 있었다. 자기 처와 딸과 그리고 어디까지나 들러붙어 쫓아다니는 세 사람의 남자들이.
 '어느 놈일까. 어느 놈일까?'
하며 무겁다란 지팡이의 마디에 주먹을 짓누르면서 노인은 생각하는 것이었다.
 '저놈들 중의 어느 놈을 골라잡아, 대갈통으로부터 때려부셔 놓을까?… 어느 놈을?… 어느 놈을?'
 그러나 벌써 엘나가, 아버지의 그와 같은 불안한 태도를 잘못 생각하고 벌떡 일어나 마중하러 왔다.
 "아빠, 여기 계셨군요. 아빠는! 우리는 여기저기 찾아다녔답니다. 이것 보세요. 폰메트 비츠 씨께서 우리를 데리고 호수 주위를 한 바퀴 돌아서, 데센차노까지 드라이브해 주시겠다고 허락하셨어요."
 그렇게 말하면서 노인의 몸을 보드랍게 식탁 쪽으로 밀어갔다. 마치 그 초대에 대해서 아버지로도 감사하다는 말을 해달라는 듯이.

신사들은 예의 있게 자리에서 일어섰다. 그리고 손을 내밀었다. 노인은 몸을 떨었다. 그러나 자기 팔에는 그 여자의 따뜻한 몸에서 풍기는 무엇인가가 사람의 마음을 부드럽게 하여 도취시키는 듯하는 것이 있었다. 노인은 자기의 의지의 힘을 완전히 잃고 내밀어진 손을 하나씩 하나씩 쥐었다. 그리고 한 마디 말없이 의자에 걸터앉아 담배를 꺼내서, 분노에 갈리는 이를 보드라운 담배 꼭지의 덩어리 속에 자근자근 씹어서 꿀꺽 삼키는 것이었다. 그와 같은 노인의 기분에는 상관없이 프랑스 말의 회화가 여러 사람의 목소리를 혼합하고, 가끔 웃음소리를 섞어 가며 가볍게 진행되어 갔다.

 노인은 말없이 상체를 좀 앞으로 구부린 채 앉아서 담배를 씹고 있었다. 갈색의 액체가 잇새를 흘러갔다.

 '그들이 옳아… 그들이 옳아.'

 그렇게 노인은 생각하였다.

 '내 얼굴에 침을 받아야 싸지… 지금 나는 그놈들에게 악수를 하지 않았는가 말야!… 세 사람한테 한 사람 한 사람. 그렇지만 나는 알고 있었지, 그놈들 중의 한 놈이라는 것을… 그런데도 나는 조용히 한자리에 앉아 있지 않는가 말이야…. 그놈들을 때려눕히지도 않고, 그렇게 말야. 나는 때려눕히지 않고 오히려 예의 있게 손을 내밀었단 말야…. 그놈들이 옳아, 아주 당연하지, 나를 비웃었다고 해도 당연한 일이야…. 그리고 내가 여기 전혀 없는 것처럼 저렇게 멋대로 저희들끼리만 이야기를 한단 말이야!… 내가 벌써 죽어서 묘지 속에 들어가 버린 것처럼…. 내가 프랑스 말을 전혀 모른다는 것을 그 두 사람은 잘 알고 있을 것이 아닌가 말이야. 엘나와 그 어머니는… 둘이 다 잘 알고말고. 그런데도 체면상이라도 나한테 말을 물어 보지도 않는단 말이야. 내가 여기 이렇게 바보처럼 외따로 떨어져 있지 않게 하기 위해서… 한두 마디 말을 건네주지도 않는단 말이야. 이렇듯 무섭게, 초라하게, 바보처럼 앉아 있으라고…. 나는 그들에게는 방귀야. 방귀만도 못하단 말야. 그들한테는 나는 아무 재미도 없는 부속품 같은 것이지. 귀찮고 방해가 되는 물건이지… 남 보기에 부끄러운 물건이란 말야. 다만 나를 쫓아 버리지 않는 것은 돈을 번다는 이유뿐이야. 돈, 돈, 더럽고 초라한 돈, 그 돈 때문에 나는 그들을 타락시켜 버렸어…. 그놈의 돈은 나한테는 말을 안하지, 나의 아내도 나의 딸도…. 저 게으름뱅이 난봉꾼만, 빤들빤들하고 모양 낸 저놈들만 바라보고 있단 말이야… 마치 손으로 쓰다듬기라도 한 것처럼 자기 살을 만지작거리기라도 한 것처럼, 킥킥거리고 웃고 있지 않는가…. 그런데 이 나는, 이 못난 나는 모든 것을 다 참고 있어야만 한단 말이지… 초라하게 앉아서 그놈들이 웃는 것을 듣고만 있고, 한 마디도 못 알아들으면서 그대로 붙어 있단 말이야. 주먹을 부르쥐고 때리지도 않고…

그놈들이 내 눈앞에서 서로 달라붙기 전에 이 지팡이로 냅다 후려갈겨 따로따로 떼어 놓지도 않고… 모든 것을 다 놔둔단 말이야. 제멋대로 하라고… 바보처럼 아무 말도 없이 우두커니 비겁하게 여기 앉아 있어…. 비겁하게… 비겁하게.'

"미안하지만…."

그 순간 이탈리아 장교가 서툰 독일어로 말을 하면서 라이터를 집어들었다.

그러니까 노인은 한참 생각하던 열중에서 깜짝 놀라 잠을 깨어 아무것도 모르는 상대방 남자를 분노에 가득차서 노려보는 것이었다. 마음속에는 아직도 분노의 뜨거운 불길이 타고 있었던 것이다. 잠시 떨리는 손이 지팡이를 붙잡고 흔들었다. 그러나 곧 입 가장자리가 축 늘어지며, 벌떡 먼저와 같이 일그러진 표정을 하고 의미 없는 쓴웃음을 짓는 것이었다.

"아, 네, 그러세요."

하고 대답을 하며 그 목소리는 갑자기 날카로운 고음이 되었다.

"물론 그러셔야죠. 맘대로 하셔야지요.… 해해, 해, 모든 것을 허락합니다… 무엇이든지 마음대로이지요. … 해, 해, 해, 모든 것을 허락해 드립니다. …모든 것을 내가 가지고 있는 것은 무엇이든 드리고 말고요. 그저 하라시는 대로 하지요.… 나한테는 누가 무슨 짓을 해도 상관이 없답니다…."

 장교가 이상야릇하다는 듯이 쳐다보았다. 그는 독일 말을 잘 몰랐으므로 그 전부를 알아들은 것은 아니었지만, 그 일그러진 쓴웃음은 그를 불안하게 만들었다. 독일 신사는 무의식중에 벌떡 일어섰고, 두 사람의 여자는 얼굴이 백지장처럼 하얗게 되었다. 한순간 그들 사이의 공기는 마치 번개가 있은 다음에 천둥이 울려 올 짧은 사이의 간격 모양, 긴장되고 숨가쁜 적막이었다.

 그러나 그 다음 순간, 거칠게 일그러졌던 얼굴 표정이 풀어지고, 지팡이가 손에서 미끄러져 떨어지고, 노인은 두들겨 맞은 개처럼 한 귀퉁이에 오그라들고 말았다. 그리고 자기 자신의 대담함을 놀랍게 생각하며, 당황한 헛기침을 하는 것이었다. 그 고통스러운 긴장을 완화시키기 위해서, 엘나는 성급히 끊어진 담화를 다시 이끌어 갔다. 독일 남작이 고의로 유창한 명랑성을 가지고 그 말에 대답하여, 벌써 1,2분 지나니까 막혔던 담화의 물결이 또다시 거리낌없이 흘러가게 되었다.

 노인은 지껄여대는 여러 사람 가운데 앉아서 완전히 외따로이었다. 잠을 자고 있는 것같이 생각될 지경이었다. 손 사이에서 미끄러져 떨어진 묵직한 지팡이가, 두 다리 사이에서 하염없이 흔들거리고 있었다. 손으로 받치고 있는 머리가 점점 더 깊게 수그러져서 쓸어질 지경이 되었다. 그러나 아무도 노인을 참견하는 사람이 없었다. 담화의 물결이 말없는 그 사람의 머리 위를 지나서 큰 소리로 흘러가고, 가끔 잘난 척하는 농담으로 웃음의 물거품을 풍기는 것이었다. 그러나 그는 몸을 까딱도 안 하고 끊임없는 어둠 속에 부끄러움과 고통에 잠겨 앉아 있을 뿐이었다.

세 사람의 신사가 일어섰다. 엘나는 허둥지둥 그 뒤를 쫓아갔고, 어머니도 천천히 뒤를 따랐다. 그들은 명랑한 제안에 따라서 다음 방에 있는 음악실로 간 것인데, 목석 모양 우두커니 앉아서 졸고 있는 노인을 일부러 깨울 필요는 없다고 생각한 것이다. 노인은 갑자기 주위가 조용해진 것에 놀라 잠을 깨었다. 마치 밤중에 이불이 벗겨져서 차가운 문바람에 드러난 맨살을 느끼고, 깜짝 놀라 일어나는 사람과 같이, 무의식중에 시선은 텅 빈 안락의자 위를 더듬어갔다. 그때 옆방의 피아노 실에서는 재즈 소리가 찢어지는 듯이 울려 오고, 웃음소리와 기운찬 부르짖음 소리가 들려왔다. 옆방에서 댄스가 시작된 것이다. 그렇지, 틀림없이 댄스지. 언제나 댄스를 한단 말이야! 자꾸만 되풀이하여 피를 긁어 올리고 서로 몸을 비비대며, 음탕한 짓을 하고 마지막에는 몸의 살까지 태우는 것이 예사란 말야. 저 게으름뱅이들, 그 할일없는 작자들은 밤이건 낮이건 저녁때건 언제나 댄스에 파묻혀서 계집년들을 꾀는 것이야.

그는 다시 분노에 차서 무겁다란 지팡이를 꽉 붙들고 그들의 뒤를 쫓아 질질 끌고 갔다. 문곁에서 정지하고 보니 독일 신사인 기수는 피아노 앞에 앉아 춤을 추는 사람들이 보이도록 반쯤 몸을 비틀고 악보도 없이 확실치 않은 미국의 유행가를 대충 치고 있었다. 엘나는 그 장교와 함께 춤을 추었으며, 키다리의 우발되 백작이 상당히 고심하여 무겁고 둔중한 어머니를 리듬에 맞춰서 앞뒤로 밀고 있었다. 그러나 노인은 엘나와 그 상대자만을 노리고 있었다. 마치 사냥개 모양, 가볍고 아첨하듯 두 손을 딸의 보드라운 어깨 위에 올려놓고, 그 육체가 완전히 자기 것이라는 듯한 태도를 취하고 있지 않는가! 그뿐 아니라 엘나의 몸도 전후로 흔들거리며, 몸을 다 내바쳤다는 듯이, 마치 승낙을 약속하듯이, 그 놈팽이에 들러붙어 있지 않은가! 간신히 화가 나는 것을 참고 있는 그 눈앞에서, 그 얼마나 서로 엉키고 부둥키고, 하고 있는 것일까! 틀림없이 저놈이다. 저놈이 틀림없어—그 물결치는 듯한 두 개의 육체에는 서로 속을 알았다는 듯한 기색이 완연히 불타오르고, 이미 피 속에 서로 공통적으로 통하는 것이 있다는 것을 내보이는 것이 아닌가! 틀림없이 저 녀석이야—저 녀석이 아닐 수는 없어! 그는 그와 같이 두 사람의 눈으로써 그렇게 짐작하였다. 반쯤 감은 듯하면서도 넘쳐 흐르며 사뿐사뿐한 춤을 추면서 뜨거운 향락의 추억을 반향시키고 있는 그 눈들이었다— 바로 저놈이야. 한밤중에 불타 오르는 정열을 가지고 내 딸년을 훔친 것은 바로 저 도둑놈이야! 저놈은 지금 물결치는 얇은 옷이 반투명으로 가리고 있는 그 육체를, 내 딸년의 육체를, 붙잡고 있지 않은가! 자기도 모르는 사이에 그는 다가갔다. 그리하여 두 사람을 잡아서 떼어 놓으려고 하였다. 그러나 딸은 아버지가 온 것을 눈치채지 못하였다. 하나하나의 동작으로 리듬에 맞춰서 자기를 이끌어 주는 파트너, 아니 유혹자가 자기를 알지 못하는 사이에 살살 이끌어 가는 그 힘에 몸을 내맡기고 있는 것이었다. 얼굴을 위로 젖히고 축축한 입은 좀 벌린 채 완전히 도취되어 음악의 보드라운 흐름 속에 정신 없이 흔들려 움직이는 것이다. 자기가 어디 있는지, 지금이 언제인지, 시간도 공간도 다 잊어버리고 취중에 있었으며, 격심한 노여움에 이그러져 핏줄이 어린 눈총으로 노려보고 있는, 떨며 허덕이는 노인도 안중에 없었다. 다만 아는 것은 자기 자신뿐이었다. 떠들썩하며 소용돌이치는 무용곡의 소리에 맞춰서 거리낌없이 따라가는 자기 자신의 젊은 사지만을 느끼는 것이다. 다만 자기 자신만을, 그리하여 한 사람의 남자의 코가 마주 닿을 만한 간격에서, 힘센 팔에 껴안기고, 자기 자신도 또한 보드라운 부동의 상태에서 정욕적인 입술과 몸을 내맡기고자 하는 충동을 받아서, 상대방에게 그대로 쏟아져 버리지 않게끔, 자기 자신을 억제하고 있는 것만을 생각하고 있는 것이었다. 그리고 이 모든 일을 노인은 격동하는 자기 자신의 피 속에서 이상하게도 다 의식하고 있었던 것이다. 자기 눈앞을, 춤에 도취되어 두 사람의 자태가 흘러갈 때마다, 언제나 자기 딸이 영원히 사라져 버리는 것이 아닌가 하고 느껴지는 것이었다.

그때 갑자기 시끄럽게 울리던 음악소리가 중단되어 버렸다. 그 독일 남작이 갑자기 벌떡 일어나더니,

"이제 퍽 많이 연주하여 드렸습니다."

하며 프랑스 말로 웃으면서 말하였다.

"이번에는 저도 댄스를 좀 하고 싶습니다그려."

모두가 그럴 듯하다는 듯이 찬성의 뜻을 표하였다. 춤추고 있던 짝들이 풀어져서, 흩어진 하나의 모듬이 이루어졌다.

노인은 그때 다시 의식을 되살렸다. 지금 어떠한 행동을 하여야겠다. 지금 무슨 말이라도 해주어야 할 시기이다! 이렇게 바보처럼 초라하고 외톨이가 되어서 있을 때가 아니다! 그때 바로 그의 아내가 힘이 들어서 좀 허덕이면서, 그러나 만족감에 따뜻해져서 그 곁을 스쳐 지나갔다. 분노심이 그로 하여금 돌연 결단을 재촉하였다. 노인은 그 여자의 갈길을 딱 막고,

"이리 와!"

하며 참지 못하여 숨을 허덕거렸다.

"나는 당신하고 할 말이 좀 있어."

아내는 놀라며 그의 얼굴을 쳐다보았다. 땀방울이 그의 창백한 이마를 적시었고 시선은 안정을 잃어서 흔들리고 있었다.—이 양반은 대체 무엇을 원하는 것일까? 왜 하필이면 지금 바로 나를 방해하는 것일까?—그 여자는 거절의 말마디를 하려고 벌써 입술이 움찔하였는데, 남편의 거동에는 무엇인가 경련하는 듯한 것, 무엇인지 위험스러운 점이 있어서 갑자기 예전의 미친 듯한 발작을 기억하며 할 수 없이 그의 말을 따랐다.

"잠깐만 실례하겠습니다!"
하고 그 여자는 나서기 전에 신사들을 향하여 용서를 청하였다.

'저놈들한테 용서를 빌고 있다니'
하며 그 남자는 분노를 참지 못하고 더욱 흥분하였다.

'식탁에서 일어날 때도 저이는 나한테 한마디 인사도 없었지! 나는 저한테 개나 마찬가지란 말야! 마구 짓밟는 발걸레만도 못한 존재거든! 그렇지만 그래도 마땅하지—내가 꾹 참고 아무 말도 안 하는 이상, 그래도 싸단 말야!'

아내는 눈썹을 힘껏 찌푸린 채 기다리고 있었다. 그 남자는 선생 앞에 나선 생도처럼 입술을 떨며 그 앞에 섰다.

"왜요?"
하고 그 여자는 마침내 대들기 시작했다.

"나는 못 견디겠어… 나는 못 견디겠어…."
하고 노인은 말을 더듬으며 어쩔 줄 모르고 말하였다.
"당신들이… 당신들이 그 남자들과 교제하는 것을 보고는 못 견디겠단 말야!"
"어느 사람들 말씀이에요?"
— 일부러 못 알아듣는 척하고, 마치 자기 자신이 모욕이나 당한 것처럼, 분노에 찬 두 눈을 치켜떴다.
"저기 있는 저 사람들…,"
— 그 노인은 울화를 섞어서 숙인 고개를 들어 음악실 쪽을 가리켰다.
"나한테는 못마땅해… 나는 못 참겠어…."
"그건 또 무슨 이유예요?"
'항상 저렇게 따지는 말투를 하고.'
노인은 점점 더 화가 나서 그렇게 생각하는 것이었다.
'마치 내가 자기의 하인이나 되어 있는 것처럼.'
그래서 그는 한층 흥분하여 말을 더듬었다.
"나는 그럴 만한 이유가 있지… 나한테는 맞지 않는단 말야. 엘나가 저 사람들과 이야기하는 것을 나는 도저히 못 참겠어… 모든 것을 다 이야기 할 수는 없어."
"그러면 미안하지만."
하고 그 여자는 위협적으로 대꾸하였다.
"서분늘은 세 사람이 다 대단히 교양 있는 분들이고, 집에서보다 훨씬 좋은 친구분들인 걸요."

"더 좋은 친구분들이라니… 그놈의 놈팽이들… 그 놈의… 그놈의…"

분노는 갈수록 참을 수 없게 되었다. 갑자기 그는 발을 굴렸다.

"나는 못 참겠어… 나는 용서할 수 없어… 알아들었소?"

"몰라요!"

그 여자는 냉랭하게 대답하였다.

"나는 아무것도 못 알아들었어요. 나는 무엇 때문에 그 아이의 즐거움을 망쳐야 하는지 모른단 말예요…."

"그 애의 즐거움?… 그 애의 즐거움이라니!"

그는 채찍으로 얻어맞은 것처럼 비틀거렸다. 얼굴은 새빨개지고 이마는 넘쳐 흐르는 땀으로 축축하였다…. 손은 허공을 어루만지며 그 무거운 지팡이를 찾았다. 그것으로 몸을 가누려는 것인지 또는 한 대 때리려는 것인지. 그러나 그는 지팡이를 잊어버리고 왔다. 그것이 그를 다시 제정신으로 돌아오게 하였다. 그는 마음을 억지로 가라앉혔다.―그는 갑자기 가슴 위로 따뜻한 물결이 스쳐가는 것을 느꼈다. 그는 한 걸음 다가서서 아내의 손을 붙잡으려고 하는 것 같았다. 그의 목소리는 아주 작았으며 심지어 구걸하는 것 같기조차 하였다.

"여봐요… 내 말을 못 알아듣겠소? 나는 나를 위해서 하는 것이 전혀 아니오…. 나는 다만 그것 때문에 당신들한테 청하는 것이야…. 이것은 내가 벌써 여러 해 동안의 첫번 부탁이야. 우리 여기서 떠납시다… 플로렌스이고 로마고 어디로든지 당신이 원하는 데로 갑시다. 아무데고 나에게는 상관이 없소…. 무엇이고 당신이 원하는 데로 결정을 해도 좋아요…. 다만 여기서는 떠납시다…. 나의 소원이니… 오늘이라도 떠납시다…. 오늘 안으로…. 나는… 나는 더 이상 참을 수가 없어. 참을 수가 없어."

"오늘이요?"

하며 그 여자는 깜짝 놀라서 거절하는 듯이 이맛살을 찌푸렸다.

"오늘 출발한다고요? 그것은 참으로 말도 안 되는 이야기예요…. 저분들이 당신 마음에 맞지 않는다는 이유만으로… 하기야 당신은 그분들하고 교제할 자격도 안 되지만요."

그 남자는 그 장소에 그대로 서서 애원하는 듯이 두 손을 쳐들고 있었다.

"나는 지금 말한 것처럼 참을 수가 없어요… 참을 수가 없어요. 그 이상은 제발 묻지 말아 줘요… 하여간에 나는 참을 수가 없단 말이야…. 참을 수가 없단 말이야. 한 번만은 내 뜻대로 해줘요. 단 한 번만은…."

저쪽 방에서 다시 피아노 소리가 나기 시작하였다. 그 여자는 남편의 부르짖음에 하는 수없이 눈을 쳐들었다.

그런데 그는 말할 수 없으리만큼 우스운 꼴을 하고 있었다. 조그마하고 똥똥한 남편은 뇌일혈을 일으킬 정도로 얼굴을 붉히고, 눈은 눈대로 잔뜩 부풀어오르고, 너무나 짧은 소매에서 삐져나온 두 손은 허공 높이에서 떨리고 있었던 것이다. 자기 남편이 그다지도 초라한 꼴을 하고 서 있는 것을 보는 것은 참으로 가슴 아픈 일이었다. 그 여자는 누그러진 마음이 되었지만, 말만은 여전히 퉁명스러웠다.

"그렇게 할 수는 없어요"
하고 그 여자는 잘라서 말하였다.

"오늘 우리는 소풍을 가기로 약속을 하였으니까요…. 그리고 내일 떠난다 해도 3주일 동안의 예정으로 세든 이 장소에서… 웃음거리가 될 거예요. 출발하여야 할 이유는 눈꼽만큼도 찾아볼 수 없거든요…. 나는 그냥 남아 있을래요. 그리고 엘나도…."

"그러면 나는 가도 좋단 말이지. 그렇지 않아? …내가 여기 있으면 방해란 말이지…. 당신들의… 즐거움을 깨뜨린단 말이지."

노인은 이와 같은 음울한 소리를 하며 아내의 말을 도중에 끊게 하였다. 구부리고 있던 그의 육중한 상체를 벌떡 일으키고, 두 손으로 주먹을 불끈 쥐었다. 이마에는 분노의 시퍼런 혈관이 위태롭게 떨리었다. 자꾸만 무엇인가를 해치우려는 듯한 기색이다. 욕을 퍼붓는다든지 무엇을 때려눕힌다든지 할 것 같았다. 그러나 그는 돌연 몸을 돌리고 빠르게 비틀거리며, 무거운 다리를 질질 끌고 계단 있는 데로 가서 마치 쫓기는 사람처럼 층계를 올라갔다.

노인은 허덕거리며 황급히 계단을 올라갔다. 그저 방으로 들어가서 혼자 있으려고, 마음을 가라앉히려고, 그리고 신경을 억누르고 무슨 미친 행동을 저지르지 않으려고! 그가 맨 위에 도달하였을 바로 그때에—신체의 내부에서 무엇인가 작열(灼熱)하는 손톱 같은 것으로, 오장육부를 찢어발기는 듯한 고통을 느꼈다.—갑자기 얼굴이 창백하여서 벽에 쓰러지며 비틀거렸다. 오, 그 격렬하고 불타는 것 같은 고통이여! 그는 어금니를 깨물고 간신히 큰 소리가 나오는 것을 참았다. 발작을 일으킨 육체는 신음소리를 내며 비틀거리는 것이었다.

즉시 그는 무슨 발작이 일어났는가를 깨달았다. 최근에 가끔 일어나는 그 무서운 발작, 담랑경련임에 틀림없었다. 그러나 이번처럼 엄청나게 심한 고통을 준 적은 아직 한 번도 없었다.

'절대로 흥분하면 안 된다.'
고 의사는 말하였다.—그 말이 그 순간에 생각이 났다. 고통의 한가운데서. 그러나 그 고통 속에서도 여전히 분노를 못 참고 스스로 비웃는 것이었다.

'흥분하지 말라고 말씀은 쉽게 하십니다만… 어떻게 하면 흥분하지 않을 수 있는지 그 표본을 한 번 보여 주시지요. 선생님, 이런 경우에는 어떻게… 야… 아….'

그 노인은 신음하였다. 눈에 보이지 않는 손톱이 주리를 트는 몸뚱이 속에서 여전히 불타면서 파헤치는 듯싶었다. 간신히 자기의 거실까지 기어가서 문을 떠밀고 들어가, 긴의자에 쓰러지며 베개를 이로 깨물었다. 몸을 눕히니 고통이 약간 진정되었다. 뜨거운 손톱도, 이젠 그렇게 무섭게 상처입은 내장을 깊이 파헤치지는 않았다.

'찜질을 해야겠는데'
하고 그는 생각하였다.
'물약을 먹어야겠는데, 그러면 곧 좋아질걸.'

그러나 아무도 그를 돌보아 줄 사람이 없었다. 아무도. 그리고 자기 스스로는, 옆방에까지 기어갈 기운도 없었으며 심지어 초인종을 울리러 갈 기력조차 없었다.

'아무도 없어.'

그는 분통이 터졌다.

'아무 때고 개처럼 나는 뒈지고 말 것이야…. 지금 나를 괴롭히는 것이 뭣인지 알고 있으니까… 그것은 '쓸개'가 아니야…. 그것은 내 몸 속에서 자라고 있는 죽음이야…. 나는 다 알지. 내가 타격을 받은 사람이라는 것을…. 그리고 어떠한 명의도 어떠한 치료법도 소용이 없다는 것을…. 나이가 예순다섯이나 되면 누구나 건강하기는 힘들지…. 이 몸 속에서 파헤치고 있는 것이 뭣인지 나는 알고 있어. 그것은 죽음이야. 그리고 앞으로 몇 해 더 살 수 있는 세월이 남아 있다 해도, 그것은 삶이 아닐 것이야. 죽음이 있을 뿐이지, 죽음이…. 그러면 언제, 대체 언제 나는 살아 봤단 말인가? 나를 위해서. 나 자신을 위해서 살아왔단 말인가?… 그것은 대체 어떤 생활이었단 말인가? 자나깨나 돈만을 긁어모았으니. 돈, 돈, 언제나 남을 위해서! 그런데 지금 그것이 나에게 무슨 소용이 되는 것일까?… 나는 아내를 맞아들였지, 숫처녀로 데려다가 그 육체를 열어 줬지. 그리하여 그는 나에게 아이를 낳아 줬어. 그리고 해마다 몇 년이고 같은 침상에서 같은 호흡을 하여 왔건만… 지금 이 때 그녀는 어디 있는 것일까…. 나는 그 얼굴조차 기억 못하겠어…. 말투도 나에게는 퍽이나 쌀쌀하여졌고, 나의 몸에 대해서는 전혀 생각도 안하는 거야. 내가 느끼는 감정이나 나의 고통, 생각 같은 것은 조금도 상관 안하는 거야. 벌써 몇 년 전부터 나하고는 퍽 거리가 멀어졌지…. 어디로 가버린 것일까, 대체 어디로… 그리고 나는 아이도 있었지…. 그 애는 내 손에서 무럭무럭 자라나 다시 한 번, 나는 새로운 생활이 시작되는 것으로 생각하였다. 여태까지 있었던 것보다 더 명랑하고 더 행복한 생활이. 그래서 지금 죽을 수는 없다고 생각하였는데…. 그 애는 밤중에 나한테서 빠져나가 뭇사내놈들한테로 몸을 내던졌으니…. 나는 이제 나 혼자서 죽을 수밖에, 나 혼자서…. 다른 사람에게는 나는 벌써 죽은 것과 마찬가지니까…. 아뿔싸, 아뿔싸, 이렇게 고독하고 쓸쓸할 줄이야….'

손톱은 가끔 심하게 파고들었으며 다시 가라앉곤 하였다. 그러나 또 하나의 고통은 점점 더 깊숙이 뒤통수를 두드리는 것이었다. 여러 가지 생각, 그 딱딱하고 그 뾰죽한 것, 무자비하게 뜨거운 자갈 같은 것이 이마를 마구 쑤셔댔다. 생각을 하지 말자. 지금 생각을 하면 안 되겠다. 노인은 그리하여 저고리와 조끼를 헤쳐 놓았다.—부풀어오른 육체가 헐떡거리는 셔츠 속에서 보기싫게 흔들리고 있었다. 조심스럽게 손을 아픈 자리에다 올려놓았다.

'아프게 만드는 것은 바로 나 자신이야.'
하고 그는 느꼈다.

'나밖에는 아무 다른 것도 아니야, 이 한 조각의 뜨거운 피부밖에는…. 그리고 이 속에서 휘몰아치고 있는 것, 그것만이 나에게 남겨져 있는 단 하나의 '내것'이야. 그것이 나의 병, 나의 죽음이야…. 그것만이 내 것이야…. 그것은 시 참의원(市參議員)이라고 불리는 작자도 아니며, 마누라도, 아이도, 돈도, 집도, 사업도, 상관이 없는 사람이야…. 내가 손끝으로 느끼는 것, 나의 육체와 그 육체 속에서 나를 괴롭히는, 불타는 뜨거운 물건, 그것만이 오로지 하나의 진실이야…. 그외의 것은 모두 어리석은 일이며 아무 뜻도 없는 것이란 말이야…. 왜냐하면 이 속에서 나를 괴롭히는 것은 단지 나만을 괴롭히는 것이니까…. 나를 근심하게 하는 것은 다만 나만을 근심하게 하는 것이니까…. 마누라도 딸도 그러한 나를 이해 못할 것이요, 나도 그들을 이해 못하는 것이야…. 인간은 그다지도 쓸쓸하고 고독하다는 것을 나는 아직도 몰랐어. 이제는 그것을 나는 알지. 이렇게 침대에 누워서 죽음이 피부 속에서 점점 자라나는 것을 느끼는 이때에, 너무나 늦었지. 나이가 예순다섯이나 돼서 바로 죽음을 앞에 두고 그것을 깨닫는다는 것은 너무나 늦지. 그런데 저이들은 춤을 추고 산보를 하고 이리저리 싸돌아다닌단 말이야. 그 화냥년들…. 이제 나는 비로소 나에게 눈꼽만큼도 고마움을 모르는 저희들을 위하여 살아왔다는 것을 알겠어. 단 한 시간 동안이고 나는 내 자신을 위해서 살아본 적이 없다는 것을…. 그들이 나에게 이제 와서 무슨 소용이 있을 것인가…. 무슨 소용이 있을 것인가. 무엇 때문에 나는 아직도 그들을 생각한단 말인가. 내 생각은 조금도 안해 주는 그들을?… 지이들한테서 동정을 받기보다는 차라리 개죽음을 하겠다… 저이들이 나와 무슨 상관이 있단 말인가….'

고통은 점차 가라앉아 갔다. 한걸음 한걸음 후퇴하여, 이제 그 혹독한 손은 고민하는 사람을 그다지 뜨겁게 괴롭히지 않았다. 그러나 무엇인지 묵직한 것이 남아 있었으며, 그다지 고통은 느껴지지 않았으나 무엇인지 모르는 물건이 치밀고 압박하면서 내부를 향하여 홈을 파는 것 같았다. 노인은 눈을 감은 채 드러누워서 진정하여, 켕기고 파고드는 조그만 소리를 엿듣는 것이었다. 그 알지 못하는 이상한 힘이 처음에는 날카로운 연장으로, 이제는 무딘 무기로 자기 몸속의 무엇인가를 뜯어내는 듯 느꼈다. 그의 닫혀진 육체 속에서 무엇인가가 한 줄기 떨어져서 풀어져 나오는 것 같았다. 이제는 먼저와 같이 거칠게 쥐어뜯는 것 같지는 않았다. 고통은 거의 없어졌다. 그러나 몸속에서 무엇인가가 구워지고 조금씩 부패해 가며 시들어 가는 것이었다. 그가 살아온 모든 것, 그가 사랑하였던 모든 것은 이와 같이 완만히 침식하는 불꽃 속에서 사라져 버리는 것이다. 새까맣게 불타서 그을고 마지막에는 흐물흐물하게 되어서, 석탄재 모양 허물어져 떨어져서 무관심이라는 미지근한 흙탕 속으로 빠지고 말 것이었다. 무엇인가가 일어났다. 그는 어렴풋이 그렇게 느꼈다. 그가 그와 같이 누워서 자기의 생명에 대하여 골똘히 생각하고 있는 동안에 무엇인가가 일어났다. 그 무엇인가가 종말을 고하였다는 것을. 그것은 무엇이었을까? 그는 자신의 속으로 깊이깊이 귀를 기울여 보았다.
 그리하여 그의 마음의 파멸은 서서히 시작되었던 것이다.

 노인은 눈을 감고 어둑어둑해지는 방 안에 누워 있었다. 반은 깨어 있었으나 반은 꿈속이었다. 그리하여 생각이 혼돈된 그에게는, 생시와 꿈속이 서로 엉키어져서 다음과 같은 심경에 빠지는 것이었다.
 어디선가(아프지도 않고 자기도 모르는 상처에서) 축축하고 뜨거운 것이 내부로 향하여, 슬며서 흘러 내려가서 그 자신의 피 속으로 한 방울도 남김없이 흘러 들어가 버리는 기분이었다. 그리고 눈에 보이지 않는 흐름은 아프지도 않고, 강한 흐름도 아니었다. 다만 눈물과 같이 졸졸 흘러서 아주 서서히 미지근하게 흘러 떨어지는 것 같았다. 그 한방울 한방울이 심장의 한가운데로 떨어졌으나, 거무스레한 심장은 소리 하나 내지 않고 조용히 낯설은 흐름을 빨아들인 것이었다. 꼭 해면(海綿)처럼 빨아들여서 차츰 더 무거워지며 부풀어올라, 가슴의 좁은 그릇 속에서 넘쳐 흐르는 것 같았다. 그리고 점점 팽창하고, 가득 찬 스스로의 무게에 억눌려, 밑을 향하여 조금씩 부어 가는 것 같았다. 혁대를 밀치고, 잔뜩 켕긴 근육을 잡아당기는 것 같은 느낌이다. 고통이 심한 심장은 점점 더 무거운 짐을 실려서 누르는 바람에 몹시 커지고, 자기 스스로의 무게로서 밑으로 축 처져 버린 것 같았다. 그런데 지금은 (어쩌면 그다지도 아픈 것일까!) 그 무거운 심장이 살의 섬유로부터 분리되어—아주 천천히, 돌이나 과실이 뚝 떨어지는 것같이 빠르지는 않게, 떨어져 내려오는 것이었다. 마치 물기를 잔뜩 먹은 해면과 같이 그것은 깊이깊이 어느 미지근한 곳으로, 허공 속으로 가라앉아 가는 것이었다. 자기 자신의 밖에 있는 무슨 본질 없는 물건 속으로, 광활하고 끝없는 밤 속으로 가라앉는 것 같았다. 그러니까 여태껏 그렇게 따뜻하고 샘물처럼 솟아 오르던 심장이 있던 자리에는 돌연 무섭도록 조용함이 깃들었다. 무엇인가 거기에는 텅 비고, 무시무시하고 냉랭한 것이 아가리를 딱 벌리고 있는 것 같았다. 심장의 고동도 없었으며 핏방울도 흔들리지 않았다. 내부가 완전히 조용해져 버린 것이다. 아주 죽어 버린 것이다. 그리고 떨리는 가슴이, 막막하고 이해할 수 없는 허무 가운데서 마치 관(棺)과 같이 어웅하고 컴컴하게 테두리를 이루고 있는 것 같았다.

이와 같은 꿈속의 느낌은 너무나 뚜렷하였고 마음의 혼란도 너무나 깊었기 때문에 노인은 깨어난 다음에 혹시 심장이 없어져 버린 것이 아닌가 하고 왼쪽 가슴에 무의식중에 손을 대었다. 그러나 고맙게도 어루만지는 손 밑에는 무엇인가 무디게 율동적으로 고동하고 있었다. 그러나 그것은 다만 허공 속으로의 무감각한 고동밖에는 아닌 것 같았다. 그리고 그의 심장은 벌써 없어진 것 같은 기분이었다. 다시 말하면 이상스럽게도 그 자신의 몸이 갑자기 자기로부터 떠나 버린 것 같은 느낌이었던 것이다. 아무런 고통도 그를 당기는 것 같지 않았고 고통스러운 신경도 경련하는 것 같지 않았다. 내부에 있는 모든 것이 침묵하고 응고되고 석화(石化)되어 있었다.

'어떻게 된 셈일까?'
하고 그는 생각하였다.

'바로 조금 전까지도 그렇게나 고통이 심하였는데, 그리고 뱃속에서는 그렇게나 불타는 것 같은 압박감이 있었고 또한 한줄기 한줄기의 근육이 경련하고 있었는데, 도대체 지금 어떻게 된 것일까?'

그는 무슨 동굴 속을 들여다보는 듯이 귀를 기울였다. 혹시 먼저 있었던 것이 움직이지나 않는가 하고. 그러나 아까 있었던 철렁거리는 소리도, 뚝뚝 떨어지는 소리도, 또는 툭툭 치는 소리도 모두 멀리 사라져 버렸다.―그는 열심히 귀를 기울였다.―아무것도, 아무것도 반향을 울려 주는 것은 없었다. 이제는 그를 괴롭히는 것이 없었고, 솟아 오르는 것도 없었고, 아프게 하는 것도 없었다. 그 내부에는 불타 버린 나무토막처럼 텅 비고 시꺼머진 것밖에는 아무것도 아닐 것이다. 그리하여 그는 홀연히 자기가 벌써 죽어 버렸든지 그렇지 않으면 자기 속에 있는 무엇인가가 죽어 버린 것 같은 기분이 되었다. 피가 그렇게까지 처참하게 소리 없이 머무른 것이다. 그의 밑에는 자신의 육체가 시체와도 같이 차갑게 가로놓여 있었다. 그것을 따뜻한 손으로 만져 보는 것이 그는 두려웠다.

 노인은 자기 자신 속을 향하여 귀를 기울였다. 그는 호수가 있는 쪽에서 방안을 향하여 한 시간마다 되풀이하여 들려오는 종소리조차 듣지 못했다. 한 시간이 지날 때마다 점점 더 황혼에 감싸여지는 종소리였다. 벌써 그의 주위에서는 밤의 어둠이 짙어졌다. 그리하여 흘러가 버리는 공간에서 사물의 모습은 어둠 속으로 사라지는 것이었다. 사각형의 창문에 비친 비교적 밝은 색의 하늘빛조차 완전히 어둠 속으로 자취를 감추었다. 그 노인은 그러나 그것도 모르고 있었다. 다만 자기 몸 안에 있는 까만 것을 응시하여, 마치 자신의 죽음을 들여다보듯이 자신의 내부의 허공을 엿들을 뿐이었다.

 그때에 마침내 옆방에서 웃음소리와 담화 소리가 터져 나오고, 불이 켜지고— 한 줄기의 불빛이 꼭 닫히지 않은 문틈을 통해서 흘러들었다. 노인은 깜짝 놀라 펄쩍 뛰었다. 아내구나, 딸이구나! 이세 곧 그들은 여기 안락의자 위에 누워 있는 자기를 발견하고 물어 보겠지. 황급히 그는 저고리의 단추와 조끼의 단추를 끼었다. 무엇 때문에 그들이 나의 발작을 알 필요가 있을 것인가. 그것이 그들과 무슨 상관이 있는 것인가?

그러나 두 여자는 그를 찾지 않았다. 그들은 틀림없이 급한 모양이었다. 저녁식사를 알리는 종소리가 세 번째 강하게 울렸다. 그래서 아마 몸치장을 하는 모양이었다. 노인은 귀를 기울여서 열려진 문을 통하여 하나하나의 행동을 귀로 듣고 눈치채었다. 지금 서랍을 열었구나, 아 지금 세수기구 위에 반지를 딸그락하고 놓는구나. 지금 구두가 방바닥에서 소리를 내는구나. 그러는 동안에 그들은 이야기를 하고 있었다. 말마디의 하나하나가, 심지어 음절까지도 무섭도록 명백하게 귀를 기울이고 있는 노인에게로 들려왔다. 맨 처음에는 그 신사들에 대한 이야기와 농담, 드라이브하던 중의 조그마한 일, 그리고 세수를 하고 허리를 구부려서 화장을 하는 동안에, 아주 보잘것없는 하찮은 이야기를 가끔씩 중단하여 가며 이야기하는 것이었다. 그러자 돌연 이야기는 그 노인 자신에 대한 것으로 옮겨 갔다.

"아빠는 대체 어디 계셔요?"

라고 엘나는 이렇게 늦게서야 그 생각이 떠오르는 데 대하여 놀라며 물었다.

"내가 어떻게 안단 말이냐."

—이것은 어머니의 말이었다. 그의 말만 하여도 곧 화가 난다는 말투였다.

"아마 밑의 홀에서 우리가 오기를 기다리고, 프랑크프르트 신문의 시세(時勢)란을 백번, 천번 들쳐보고 있겠지.—그것 밖에는 무슨 다른 취미가 하나도 없으니까 말야. 도대체 그 양반이 저 호수를 바라보기라도 했다고 생각하니? 그 양반은 여기가 맘에 안 드신단다. 점심때 나한테 이런 말을 하였단다. 오늘 중으로 여기를 떠났으면 좋겠다고."

"오늘 중으로 떠난다고… 그건 또 어째서요?"

그것은 또다시 엘나의 목소리였다.

"나도 모르지. 누가 그 사람 맘 속을 다 알겠니? 우리가 사귀는 분들이 맘에 안 드신다는 거야. 그 양반이 그 분들한테 맞설 만하지 못하다는 것은 명백하거든—아마 자기도 그렇게 느끼신 모양이지, 맞상대가 안 되겠다고. 정말이지 그 양반이 옷을 꾸깃꾸깃하고, 칼라를 제치고, 왔다갔다하면 나는 창피해서 못 견디겠어… 너, 참 그렇게 말 좀 해라. 적어도 저녁때는 좀 말쑥하게 하라고, 응. 네 말은 그래도 들으니까 말야. 그리고 오늘 오전에는 말야…. 그이가 라이터 때문에 테넨트 씨를 야단을 해서, 내가 기절할 뻔했어…."

"참, 엄마… 그건 어떻게 된 거예요?… 내가 그걸 좀 물어 보려고 했었는데…. 아빠가 어떻게 된 셈일까요?… 그런 것은 첨 봤는데… 난 참 놀랐어."

"아 그건, 기분이 좀 나쁘셨다뿐이지… 아마 시세가

좀 떨어졌나 보지…. 그렇지 않으면 우리가 프랑스 말을 썼기 때문인지도 몰라…. 그 양반은 남이 좀 기분이 좋으면 참지를 못한단 말야…. 너는 몰랐는지 몰라도 우리가 춤추는 동안에 마치 나무 뒤에 숨은 살인자처럼 버티고 서 있었단다…. 떠나자… 지금 당장에 떠나자. 하지만 그것도 그 당장에 그런 기분이 됐다는 그 이유만으로…. 여기가 그 양반 맘에 안 들거든, 안 든데도, 우리의 기쁨까지 없애 버릴 것은 없을 텐데…. 그러나 나는 그 양반 기분 같은 것은 상관을 안하겠어. 맘 대로 하고 말할 대로 말하라지 뭐."

담화는 거기서 중단되었다. 확실히 그런 담화가 있는 동안에 저녁화장이 끝난 모양이었다. 사실, 그때 문이 열리고 그들은 방에서 나오고 전등 스위치가 달그닥하며 불이 꺼졌다.

노인은 아주 조용하게 안락의자 위에 앉아 있었다. 그는 한 마디도 빼놓지 않고 다 들었던 것이다. 그런데 이상하게도 조금도 괴롭지 않았다. 전혀 아무렇지도 않았다. 아까만 해도 그렇게 두근거리고 찢어지는 것 같던 그 거친 속의 기관(器官)이 지금은 가슴속에서 아무렇지도 않고 조용하기만 했다. 아마 다 부셔졌음에 틀림없다. 그렇게 강한 자극을 줘도 아무것도 경련하는 기색이 없으니—아무 노여움도, 아무 미움도… 아무것도… 아무것도…. 그는 침착하게 옷의 단추를 챙기고, 조심스럽게 계단을 내려가서, 모르는 사람들 앞에 앉는 것처럼 가족의 식탁에 참석하였다.

 그날 저녁, 그는 자기 가족에게 한 마디도 말을 하지 않았다. 그들은 둘 다 노인이 주먹을 쥐듯이 입을 다물고 침묵을 지킨 것에 대해서도 아무런 눈치를 채지 못했다. 그는 인사도 안하고 다시 자기 방으로 들어가 자리에 몸을 눕혔다. 그리고 불을 꺼버렸다. 훨씬 후에 그의 아내가 명랑한 지껄임을 그치고 돌아왔다. 그는 남편이 잠들었는 줄만 알고 깜깜한 속에서 옷을 벗었다. 얼마 안 돼서 남편은 그 여자의 근심 없는 깊은 잠의 숨소리를 듣게 되었던 것이다.
 노인은 혼자서 쓸쓸하게 두 눈을 뜬 채 밤의 한량없는 허공만을 응시하고 있었다. 자기 곁에는 무엇인가 어둠 속에 누워서 깊은 호흡을 하고 있었다. 그는 지금, 같은 이 방에서, 같은 공기를 마시고 있는 저 육체가 지나간 날 젊었을 때 불타오르는 정열로 인식하였던 그 육체, 자기에게 아이를 낳아 주고 자기와 무엇보다도 깊은 피의 비밀로써 연결되었던 바로 그 육체라는 것을 기억하려고 열심히 노력해 보았다. 손으로 만질 수 있는 그 따뜻하고 보드라운 자기 옆의 그것이 옛날 어느 땐가 자기의 생명 속의 생명이었다는 것을 억지로 되풀이하여 생각하는 것이었다. 그러나 이상하게도 그와 같은 추억이 아무런 감동을 일으키려 들지 않는 것이다. 그리고 그 숨소리를, 열려 있는 창문에서 살랑거리는 조그마한 물소리와 조금도 다르게 들을 수가 없었던 것이다. 밖의 물가의 자갈돌에 찰랑거리는 단조로운 파도 소리와 다름이 없었다. 그와 같이 모든 것은 멀고 하염없고, 다만 곁에 있을 뿐 우연하게 연관성 없이 느껴지는 것이었다.—지나가 버린 것이다. 영원히 지나가 버린 것이다.

그는 그래도 다시 한 번 몸을 떨고 일어났다. 아주 살며시 곁에 있는 딸의 방문이 소리 없이 열렸던 것이다.

'아, 오늘도 또다시.'

— 그는 벌써 죽었다고만 생각하고 있던 심장에 아직도 조그마한 뜨거운 자극을 느꼈다. 아주 죽어서 없어지기 전에 거기서 무엇인가가 한순간 찔금하고 신경질적으로 떨린 것이다. 그러고는 그것도 지나가 버렸다.

"저 좋은 대로 하라지. 이제 와서 그 애가 나하고 무슨 상관이 있으랴!"

그리고 노인은 다시 이부자리 속에 몸을 철석 눕혔다. 쑤시는 뒤통수에 몰려드는 어둠도 먼저보다는 부드러웠고, 그러자 벌써 푸릇푸릇한 차가운 기운이 기분좋게 피 속으로 스며들어 왔다. 그리하여 힘없는 의식이 얕은 잠 속에 잠시 가리워지는 것이었다.

다음 날 아침 잠을 깬 아내는, 그가 벌써 외투를 입고 모자를 쓰고 있는 것을 보았다.
 "거기서 무엇을 하세요?"
하고 그 여자는 아직도 잠결에 물어보았다.
 노인은 돌아다보지도 않았다. 천연스럽게 그는 자기 옷을 손가방 속에 개켜서 집어넣었다.
 "알고 있지 않아. 나는 돌아간단 말이야. 필요한 것만 가지고 가겠어. 다른 것은 당신들이 나중에 보내 주어요."
 부인은 깜짝 놀라 일어났다. 어떻게 된 것일까? 그 여자는 남편의 그와 같은 목소리를 아직껏 들어 본 적이 없었던 것이다. 한마디 한마디가 아주 차갑고 퉁명스럽게 잇새에서 불쾌하다는 듯이 새어나오는 것이 아닌가. 그 여자는 침대에서 두 다리로 벌떡 뛰어나왔다.
 "떠나시다니 그것이 정말인가요?… 가만히 계셔요… 우리도 같이 가겠으니까요. 벌써 엘나에게도 말을 해놨어요.…"
 그러나 노인은 다만 격렬하게 거절할 뿐이었다.
 "아니야 아니야… 상관하지 말아."
 그렇게 말하고, 그는 뒤도 돌아보지 않은 채 문을 향해서 비틀거리며 나갔다. 문의 손잡이를 돌리기 위하여 그는 잠시 손가방을 아래로 내려놓지 않으면 안 되었다. 바로 그 찰나에, 그는 견본이 든 손가방을 여태까지 몇 천 번이고 모르는 사람의 문앞에 내려놓았던 것을 회상하였다. 그것은 그가 물건을 팔러 갔다가 나올 때에 '앞으로 계속해서 주문해 주십시오' 하고 인사를 하며 허리를 굽신거리고 그 집을 나올 때에, 상품이 든 가방을 문앞에 내려놓았던 것을 기억한 것이다. 그러나 지금 여기서는 그와 같은 장사를 위해서 내려놓은 것이 아니었다. 그래서 그는 아무런 인사를 할 필요가 없었다. 쳐다보지도 않고 말을 건네지도 않고, 다시 여행가방을 집어들고 딸가닥하는 소리와 더불어 자기의 지금까지의 생활로부터 자기 자신을 분단시키려는 듯이 그는 문을 박차고 나가 버렸다.

그들은 무슨 일이 일어났는지 도저히 알 수가 없었다. 아내와 딸은, 이와 같은 눈에 띄는 거친 태도와 결단성 있는 여행의 출발에 불안해 했다. 즉시 그들은 그에게 편지를 쓰고 무슨 오해가 있는가 추측을 하며, 상세하게 설명을 하는 내용의 서신을 남부 독일의 고향에 보내어, 거의 애정에 찬 태도를 보였다. 그리고 여행 도중은 어떠하였는가, 어떻게 도착을 하였는가, 하며 근심에 찬 질문을 하고, 갑자기 모든 것을 양보하는 태도로, 아무 때라도 체류하는 것을 집어 치우고 돌아가겠다고 적어 보냈다. 그는 답장을 쓰지 않았다. 가족들은 점점 더 절실한 편지를 써보내고, 전보까지 쳤다. 그러나 아무 대답도 오지 않았다. 다만 편지들 가운데에서, 꼭 필요하다고 써보낸 금액만은 상점 쪽으로부터 보내 왔다. 상점의 고무도장이 찍힌 우편송금장에는 자필의 글씨 한자, 인사 한마디, 찾아볼 수 없었다. 이와 같이 이해할 수 없고 답답한 상태가 그들로 하여금 집으로 돌아가는 날짜를 재촉하게 하였다. 전보로 미리 알려 놓았건만 아무도 정거장에서 기다리는 사람이 없었고, 집에서도 그들을 맞아 주는 준비는 없었다. 하인들의 말에 의하면 노인은 망령스럽게도 그 전보를 책상 위에 놓아 둔 채 아무 지시도 하지 않고 나가 버리셨다고 하는 것이었다. 저녁에 그들이 벌써 식사를 하며 앉아 있을 때 그들은 마침내 문소리가 나는 것을 들었다. 그들은 벌떡 일어나 마중나갔다. 노인은 놀라며 그들을 응시하였다.—노인은 확실히 그 속달전보를 깜빡 잊어버리고 있었던 것이다.—그러나 특별히 무슨 감정의 표정을 짓지 않고 딸의 포옹을 싱겁게 받고 나서 덧없이 식당으로 이끌려 들어가, 이야기하는 소리를 묵묵히 들었다. 그러나 그는 아무런 질문도 하지 않고 말없이 담배를 빨며 가끔 가다 냉담한 대답을 할 뿐이었다. 심지어 그는 질문이나 이야기를 못 들은 체하였다. 그것은 마치 눈을 뜨고 잠자고 있는 것 같았다. 그리고 그는 몸을 무겁게 일으켜 자기 방으로 돌아갔다.

그와 같은 상태는 다음날도 다음날도 계속되었다. 불안하게 된 아내가 이야기를 건네려고 하였으나 소용없었다. 아내가 열을 내어서 그에게 달려들면 들수록 점점 그는 심하게 회피하는 것이었다. 그 남자 속에 무엇인가가 막혀서 가까이 할 수 없게 되었던 것이다. 통로가 차단된 것이었다. 그래도 식사때는 같이 앉아서 음식을 먹었고 손님이 있을 때는 잠시 묵묵히 참여하여, 자기 자신 속에 파묻혀 있을 적은 없었다. 그러나 그는 어떠한 일에도 가담하지는 않았다. 이야기 도중에 우연히 그의 눈을 들여다보는 손님은 고통스러운 느낌을 받았다. 왜냐하면 거기에는 죽은 듯한 눈빛이 아주 희미하게, 자기 자신의 속을 스쳐 지나서 저 먼곳을 바라다보는 듯한 인상을 받았기 때문이다. 그 남자의 그와 같은 이상한 행위는 점점 더 심해져서 전혀 모르는 사람들까지도 눈치를 채게 되었다. 아는 사람들은 거리에서 만나면 서로 남몰래 옆구리를 찌르게 되었다. — 저기 저 영감이 온다. 이 도시에서는 제일 돈이 많은 사람 중의 하나인데 쭈굴쭈굴한 모자를 비스듬히 쓰고 저고리는 담뱃재에 더럽혀져서, 마치 거지처럼 돌담을 따라 한발 한발 이상하게 비틀거리며, 대체 무엇인지 중얼중얼 혼잣말을 하고 싸돌아 다니지 않는가—하고 뒷공론을 하는 것이었다. 누가 인사를 하면 깜짝 놀라는 시선을 하고 또 누가 말을 건네면 멍하니 공허한 눈초리로 바라다보고, 악수를 하자고 하여도 손을 내미는 것을 잊어버리고 있는 것이었다. 처음에는 노인의 귀가 멀어졌는가 해서 큰 소리로 같은 소리를 되풀이하였다. 그러나 그것이 아니었다. 그는 자기의 내부의 잠을 깨는 데 항상 시간이 걸렸던 것이다. 그리고 이야기 도중에도 곧잘 그 이상한 실신 상태의 잠속으로 다시 돌아가는 것이었다. 그런 때에는 갑자기 눈의 광채가 사라지고 돌연 이야기를 중단하고 상대방이 놀라는 것도 알지 못한 채 그대로 비틀거리며, 걸어가는 것이다. 항상 그는 어느 멍청한 꿈, 구름이 감돌아 있는 자기 자신만의 행위에서 빠져 나온 사람인 것과 같아 보였다. 그에게는 사람들이 살고 있는 것 같지 않다는 것을 다른 사람들도 알 수 있었다. 그는 누구에 대해서도 물어 보는 일이 없었다. 자신의 집에서도 아내의 불안스러운 절망감이나 어쩔 줄 모르고 질문하는 딸에 대해서도 조금도 알아 주지 않았다. 신문을 읽지도 않고, 사람의 이야기를 듣지도 않았다. 어떠한 말도, 어떠한 질문도 그의 마음 속에 덮어 씌워진 희미한 무관심을 잠시라도 꿰뚫지 못하였다. 심지어 그의 자체의 세계인 '사업'도 낯선 물건이 되고 말았다. 가끔 그는 서신(書信)의 사인을 하기 위하여 멍청하게 사무실에 앉아 있을 때가 있었다. 그러나 비서가 한 시간 후에 사인이 끝난 서류를 가지러 와보면 먼젓번에 비서가 그 방에서 나갔을 때와 꼭 같은 공허한 시선을 가지고 읽어보지 않은 서신에 대하여 더듬는, 꿈에 잠겨 있는 것을 발견하는 것이었다. 그래서 마침내 비서도 그가 소용이 없는 사람임을 깨닫고 전혀 가까이 가지 않았다.

그런데 무엇보다도 이상한 것, 그리고 그 도시 전체가 가장 놀란 것은 그 노인이 여태껏 그 교회의 신자들에게 가담하지 않았었는데 갑자기 신앙심이 깊게 되었다는 사실이다. 모든 일에 대해서 무관심하고 식사시간이나 약속시간은 항상 지키지 못하는 그가, 정해진 시간에 교회당으로 가는 것만은 한 번도 늦추지를 않았다. 거기서 그는 까만 비단으로 된 승모(僧帽)를 쓰고 기도할 때에 입는 망토를 어깨에 걸치고 항상 같은 장소, 즉 예전에 그의 부친이 있었던 바로 그 장소에 서서 피로한 머리를 찬송가에 맞추어서 이리저리 흔드는 것이었다. 주위에서는 아무런 인연이 없는 말마디가, 어두컴컴하게 울리는, 그와 같은 반고립(孤立) 상태에 있는 장소에 혼자 있는 것이, 그에게는 가장 좋았던 것이다. 일종의 평안감이 정신의 혼동 위에 내려오고, 자신의 가슴속으로 말을 건네는 것 같았던 것이다. 그러나 죽은 사람을 위한 기도문이 읽혀지고, 고인의 친척들, 아이들, 친구들이 감동하여서, 정하여진 의식을 올리고, 몇 번이고 새삼스레 머리를 숙이며, 저승에 간 사람을 위하여 하느님의 자비를 앙청하는 것을 직접 눈앞에 볼 때는, 그의 눈도 가끔 눈물에 글썽거리는 것이었다. 자기가 바로 마지막에 있다는 것을 그는 알고 있었기 때문이다—아무도 자기를 위해서는 기도를 해주지 않을 것이라…. 그래서 경건하게 다른 사람들과 기도 소리를 맞추어서 중얼거리며, 자기 자신을 마치 죽은 사람처럼 생각하게 되는 것이었다.

 어느 날 밤도 늦어서 그는 그와 같은 혼란된 산책으로부터 집으로 돌아올 때, 도중에 소낙비가 몰려왔다. 노인은 항상 그러하듯이 우산을 잊어버리고 안 가지고 있었다. 몇 푼 안 되는 요금으로 차도 탈 수 있었으며, 남의 집 문간이든지 추녀 끝 유리창이라든지, 갑작스럽게 쏟아지는 비를 피할 장소는 얼마든지 있었는데 그 괴짜는 막 퍼붓는 빗발 속을 거리끼지도 않고 비틀거리며 그대로 걸어갔다. 찌그러진 모자에는 흘러내리는 빗방울이 고이고, 방울방울 떨어지는 옷소매에서는 걸음마다 시냇물을 이루었다. 그래도 그는 상관도 안하고 그대로 걸음을 옮겨갔다. 사람 하나 안 보이는 큰 거리를 홀로 걸어간 것이다. 그리하여 고상하게 손질된 큰 저택의 영감님이라기보다는 거리의 불량배와 같은 모습이 되어, 흠뻑 젖어서 빗방울을 뚝뚝 떨어뜨리며 자기 집 현관에 도달하였다. 바로 그 순간 한 대의 자동차가 멀리까지 헤드라이트를 비추며 바로 곁에 정지하였는데, 그 반동으로 흙탕물을 부주의한 보행자에게 끼얹어 주었다. 차의 문이 열리고 전등불이 켜진 차 안에서 그 자신의 아내가 바쁘게 내려섰다. 그 뒤에서는 어느 고상한 남자 방문객이 우산을 받쳐 들고 뒤따랐으며, 또 하나의 신사가 그 뒤를 따랐다. 바로 문앞에서 그들은 노인과 마주치게 되었다. 아내는 그를 곧 알아보았다. 흙탕물에서 건져낸 보따리처럼, 쭈굴쭈굴하고 뚝뚝 떨어지는 남편의 그 꼴을 보고, 놀라서 문득 시선을 돌려 버리는 것이었다. 노인은 즉시 아내의 기분을 알아차렸다…. 저 사람은 손님들 앞에서 내 꼴을 부끄러워하는 것이구나. 그래서 노(怒)하지도 않고 흥분도 없이, 아내에게 자기를 소개시키는 그 고통을 덜어 주기 위하여, 모르는 사람 모양 서너 걸음 걸어나가서, 하인들이 드나드는 계단 쪽으로 갔다. 거기서 그는 하인 모양으로 꼬부라져 들어가 버렸다.

그날 이래 노인은 자기 자신의 집에서, 항상 하인용 계단만을 이용하였다. 거기서는 확실히 아무도 만나지 않을 것이기 때문이었다. 거기서는 아무도 방해를 하지 않으며, 아무에게서도 방해를 받지 않았다. 그리고 식사 때도, 나가지 않고 나이 많은 하녀가 그의 방으로 음식을 운반해 왔다. 언젠가 아내와 딸이 노인 있는데로 침입하려 하였을 때, 그는 당황하면서도 완강하게 반항하면서 무슨 말인가 중얼중얼 못 알아듣는 말을 해가며 내몰고 말았다. 결국 그들은 노인을 혼자 내버려 두게 되었다. 그래서 나중에는, 그 노인에 대하여는 안부를 물어 보는 습관마저 없어지고, 노인 측에서도 아무 것도 묻지를 않았다. 이미 아무런 상관이 없어진 다른 방들에서, 이따금 웃음소리나 음악소리가 벽을 통하여 새어나오는 것을 듣는다든지, 밖에서 밤이 깊도록 차가 드나들고, 덜거덕거리는 소리를 듣는다든지 할 적이 있었지만 그에게는 모든 것이 아무래도 상관이 없었다. 그래서 그는 한 번도 창 밖을 내다보는 법이 없었다―그것이 나에게 무슨 상관이냐?… 다만 개〔犬〕만은 가끔 홀로 와서 저버림을 받은 노인의 침대 앞에서 기지개를 켜고 눕기도 하였다.

이제는 다 말라빠진 심장 속에서 아무것도 쑤시고 아픈 것이 없었지만, 몸의 내부에서는 거무스레한 두더지 같은 것이 계속해서 쥐어뜯고 꿈틀거리는 생살을 찢어 벗겨서 피투성이를 만드는 것 같았다. 그러한 발작은 매주 더 심해지고, 고통에 못 이기는 노인은 의사가 특진을 하라는 권고에 따를 수밖에 없었다. 교수의 눈초리는 삼엄하였다. 신중하게 전제(前提)하면서 말하기를, 이렇게 된 이상 수술을 피할 수가 없다고 한 것이다. 그러나 노인은 놀라지 않았다. 그는 다만 어두운 미소를 지었을 뿐―고마운 일로, 이제 마지막이구먼! 죽음길도 다 지나고, 이제 다행히도 좋은 일인, 죽음〔死〕이 찾아왔나 보이, 하고 생각한 것이었다. 그는 의사에게 부탁하여 가족에게는 한 마디도 말을 못하게 하였다. 날짜를 정하고 모든 준비를 완료하였다. 마지막으로 자기 사무실에 가서, (거기서는 아무도 그를 기다리지 않았으며, 모두 모르는 사람처럼 그를 쳐다보았다) 다시 한 번 검정 가죽의 높은 안락의자 위에 앉아 보았다. 그것은 그가 30년 동안, 다시 말하면 일평생 동안 몇천 시간이고 앉아 있었던 의자였다. 그는 수표책을 가져오라고 하여 그 중의 한 장에다가 금액을 적어 넣었다. 그것을 교회의 책임자에게 갖다 주었는데, 그 사람은 그 금액이 너무나 많아서 놀랄 정도였다. 그것은 자선사업과, 자기 자신의 무덤을 위한 것이었다. 여러 가지로 감사의 뜻을 표하는 것을 회피하려고 황급히 밖으로 도망하듯 비틀거리며 나섰다. 그러느라고 모자를 떨어뜨렸는데 그것을 집어 올리기 위하여 몸을 구부리는 것조차 하지 않았다. 그래서 맨머리로 누르스름한, 병들고 쭈굴쭈굴한 얼굴에 구슬픈 눈초리로 묘지를 향하여 터벅터벅 걸어가 자기 양친의 무덤 곁으로 다가섰다. (사람들이 놀라며 그를 바라보았다) 묘지에서는 하릴없는 사람들이 몇 사람 노인을 관찰하고 다시 한 번 놀라는 것이었다. 그는 오래도록 이끼가 낀 비석을 향하여 큰 소리로, 마치 산사람에게 이야기하듯이 말을 하였기 때문이다. 작별인사를 하는 것인지, 명복을 비는 것인지 아무도 그 말마디를 알아들을 수는 없었다—다만 말없는 입술이 자꾸만 움직이고, 흔들거리는 머리가 기도를 올리며 점점 깊숙하게 숙여지기만 하였다. 밖으로 나왔을 때는, 거지들이, 잘 아는 그 사람에게 몰려왔다. 그는 주머니에서 동전과 지

전을 부리나케 꺼내서 죄다 나누어 주는 것이었다. 그때에 비쩍 마른 늙은 노파가 늦게서야 절뚝거리며 다가와서 손을 내밀고 그에게 간청하였다. 그는 허둥지둥 여기저기를 뒤져 보았으나, 한 푼도 찾아낼 수가 없었다. 다만 손가락에는 무엇인가 낯설게, 무겁게 억눌리는 것이 있었다―금으로 된 결혼반지였다. 일말의 추억이 희미하게 닥쳐왔다―그는 재빠르게 반지를 뽑아서는 놀라는 그 여자에게 주고 말았다.

그리하여 아주 가난하고 아주 다 털어 버려서, 홀로 그 노인은 수술대의 메스 밑에 이른 것이다.

노인이 다시 한 번 마취에서 깨어났을 때, 위독한 상태를 눈치챈 의사들이 그 동안의 사정을 알게 된 아내와 딸을 수술실로 불러들였다. 그 노인의, 푸른 자국이 서린, 눈꺼풀이 간신히 열리고 눈동자가 나타났다.

"여기는 대체 어디인가?"

그의 눈은 여태껏 본 적이 없는 이상하고 하얀 방안을 응시하였다.

그때 딸은 자기의 애정을 표현하고자, 수척하여 비참해 보이는 그의 얼굴 위에 몸을 구부렸다. 그때 갑자기 맹목적으로 휘두르고 있던 노인의 눈동자에 무엇인가 알아보는 기색이 번뜩하였다. 한 줄기의 가느다란 광선이 눈동자에 비쳐 올랐다.―아, 그 애구나, 무한히 사랑하던 그 애! 그 애가 여기 있구나, 엘나가! 어여쁘고 사랑스러운 그 애가…. 살며시, 아주 살며시 꼭 다물었던 입술이 풀리기 시작하였다. 하나의 미소가, 오래도록 있어보지 못한 다물어진 입에서, 아주 미약하게나마 살며시 떠오르기 시작하였다. 그리하여 그 애절한 기쁨에 감동되어서, 딸은 한층 더 깊이 몸을 굽혀 부친의 핏기 없는 뺨에 키스하려고 하였다.

그러나 그 순간—그의 추억을 잠깨운 것은, 그 달콤한 향수 냄새였던가, 그렇지 않으면 반쯤 마비되었던 뇌수(腦髓)가 잊었던 순간을 다시 생각해낸 것이었던가—그 순간 돌연 지금까지 행복했던 표정이 무서운 변화를 자아내었다. 문득 색깔 없는 그 입술이 닫혀지고 격심한 분노와 거절의 기색이 엿보이고, 이불 밑에 있는 손이, 힘차게 움직여서 무엇인가 불쾌한 것을 밀어 치우려는 듯이 올라왔다. 상처투성이의 전신이 흥분하여 부들부들 떨리기까지 하였다.

"가거라!… 저리 가거라…."

혈기가 빠진 입술에서 혀가 말리어, 그래도 뜻만은 잘 알 수 있는 말마디가 새어 나왔다. 그리고 도망칠 수 없는 그 남자의 떨리는 표정에서는, 혐오의 빛이 무서우리만큼, 명백하게 나타났기 때문에, 의사가 염려되어, 여인들을 곁으로 밀쳤다.

"헛소리를 하는군요."

하고 의사는 속삭였다.

"잠시 혼자 계시도록 하는 것이 좋겠습니다."

두 여자가 그 방을 나가자마자, 비틀어졌던 표정이 다시금 공허한 수면 상태로 힘없이 풀어지고 말았다. 아직도 호흡 소리는 힘없이 계속되는 채로—생명의 무거운 공기를 빨아들이고자 가슴은 점점 더 깊이에서 호흡 소리를 내었다. 그러나 얼마 안 돼서 그것마저 이 고통스러운 인간의 양분을 빨아들이는 데, 피로하게 되었다. 그리하여 의사가 가슴을 진찰하였을 때는, 이미 심장은 그 노인에게 고통을 주는 행위를 끝마치고 있었던 것이다.

황혼의 이야기

황혼의 이야기

 방안이 갑자기 컴컴해진 것을 보니 바람이 또다시 비구름을 몰아온 것일까? 그렇지 않다. 바깥 공기는 요즘 여름날에 드물도록 조용하며, 은빛으로 맑기만 하다. 날이 벌써 저물기 시작한 것이다. 그리고 우리가 그것을 알지 못하였던 것이다. 건너편 다락방의 창문만이 연약한 광채 속에서 아직도 미소를 띠우고 있다. 지붕 위의 하늘은 벌써 금빛의 안개 속에 싸였다. 한 시간 안에 밤이 될 것이다. 불가사의한 한 시간만 지나면. 정말로 그 사이에 차츰 어두워 가는 그 색깔처럼 아름다운 것은 없을 것이다. 차츰 그늘져 가고, 차츰 방바닥에서 솟아 오르는 어둠이 방안에 깃들고, 마침내 새까만 밀물이 되어서 소리없이 사면의 벽을 덮어 버리고, 우리들을 암흑의 나라로 이끌고 가는 그 광경… 그러한 속에 마주 앉아서 말없이 서로 쳐다보고 있으면, 낯익은 얼굴도 어둑어둑한 가운데, 더 늙게 보이고, 더 낯설고, 너 멀리 있는 것같이 보이고, 처음 보는 사람처럼, 혹은 넓은 공간과 긴 시간을 넘어서 아득하게 마주보는 것같이 보이는 때가 있다. 그러나 당신은 말없이 있기를 싫어하신다. 가만히 있으면 시계 소리가 수백의 조그만 똑딱 소리로 시간을 분단시키는 것이 불안하게 들려오며, 적막 속의 호흡은 앓는 사람의 숨소리처럼 크게 들리는 것이 불안하기 때문이라고 말씀하신다. 나는 그래서 이제 당신에게 무엇이라도 이야기를 하란 말이지요? 좋습니다. 이야기를 해드리지요. 그러나 물론 나에 대한 이야기는 아니에요. 이 한량 없이 넓은 거리에서의 우리 생활은 경험한 바 참으로 빈약하기 때문입니다. 그렇지 않으면 정말로 무엇이 우리 생활이고 무엇이 우리의 경험인지를 우리가 모르기 때문에 빈약한 것으로 보이는가 봅니다. 그러나 지금 나는 이 시간에 적합한 이야기를 하겠어요. 이 시간이란 침묵하는 것이 제일 좋은 시간입니다만, 나는 다만 그 이야기로서 우리의 창 앞을 베일처럼 덮어 주는, 황혼의 따스하고 보드랍고 흔들거리는 빛을 조금이라도 보여 주었으면 하고 원하는 것뿐입니다.

나는 이 이야기가 어떠한 경로로 나에게 전하여졌는지는 모른다. 내가 생각이 나는 것은, 다만 어느 이른 오후에 여기 앉아서, 오래도록 식사를 하고 나서 무슨 책을 한 권 읽은 것이다. 그 다음에 나는 그 책을 다시 손에서 내려놓고, 꿈꾸듯이 공상에 파묻혀 있었다. 아마 살며시 잠도 들어 있었는지 모른다. 그때 갑자기 나는 어느 사람의 모습을 보았다. 그 모습은 벽을 따라 미끄러지듯 지나갔으며, 나는 그 말소리를 듣고, 그의 생활을 들여다볼 수가 있었다. 그런데 내가 그 사라져 버린 모습을 다시 찾아서 바라보려고 하였을 때, 나는 이미 잠에서 깨어 버렸고, 나의 주위에는 아무도 없었다. 나의 발 곁에는 읽던 책이 떨어져 놓여 있었다. 나는 그 책을 다시 주워 올리고, 아까 본 그 사람의 모습을 찾았으나 그 속에서는 그와 같은 이야기를 찾을 수가 없었다. 그러면 그것은 그 책장에서부터 나의 손으로 떨어져 내려온 것인가. 그렇지 않으면 전혀 그 책 속에서 본 것이 아니었는가 알 수가 없었다. 아마 나는 그것을 꿈으로 꾸었는지도 모른다. 혹은 먼 나라에서 이 도시까지 와서 여기서 오래도록 우리를 압박하고 있었던 비구름을 몰아가 버린 저 찬란한 구름의 한 잎 속에서 읽은 것인지도 모르겠다. 그렇지 않으면 또 혹시 나의 창 밑에서 손풍금으로 우울하게 연주한 그 단순한 옛노래에서 들은 것인지, 또는 여러 해 전에 누군가의 입으로부터 전해 들은 이야기인지 모르겠다. 하여간에 나는 모르겠다. 그와 같은 이야기는 가끔 나에게로 가까이 온 적이 많있었는데 나는 항상 장난으로 그것을 손가락 사이로 흘려 보내고 한 번도 꼭 붙잡아 보지는 못했다. 마치 사람들이 곡식의 이삭이나, 키가 큰 화초를 지나가면서 만져보기는 하지만 그것을 따지 않는 것과 마찬가지였다.

꿈에 본 것은 다만 갑자기 다채로운 하나의 모습으로부터 그것이 부드러운 종말을 고하는 것까지였는데, 그것도 확고하게 붙잡은 것은 아니었다. 그런데 당신은 오늘 나한테서 이야기를 듣기를 원하신다. 그래서 나는 그 얘기를 지금 이 시간에 하려고 하는데, 그것은 황혼이 우리들을 그리운 마음으로 하여, 회색으로 몽롱해지는 우리의 눈앞에 화려하고 움직이는 모습이 빛나는 것을 보고자 원하게하는 시간이기 때문이다.

이야기를 어떻게 시작해야 할 것인가? 잠시 동안 어느 형상을 어둠 속에서 끌어내지 않으면 안 될 것으로 나는 생각한다. 왜냐하면 그렇게 해야 내 마음속에서 그 이상한 꿈이 시작되기 때문이다. 자, 이제 나도 벌써 생각이 떠오른다. 어느 저택의 널따란 계단을 걸어 내려오고 있는 날씬한 소년의 모습을 나는 보는 것 같다. 때는 밤이다. 그리고 희미한 달빛만이 연연이 비추고 있는 때이다. 그러나 나는 보드라운 그 육체의 윤곽을 조명된 거울과 같이 똑똑히 파악할 수가 있다. 그 소년의 얼굴까지 자세히 보인다. 그 소년은 드물게 보이는 아름다운 소년이었다. 소년답게 머리를 빗은 새까만 머리카락이, 좀 지나치게 넓은 이마 위에 미끄러져 내려오고 있으며, 햇빛에 따스하게 된 공기를 손으로 만지면서 느껴 보려는 듯이, 어둠 속으로 뻗친 그의 두 손은 지극히 보드랍고 고상한 손들이었다. 그의 발걸음은 멈칫멈칫하였다.

꿈을 꾸는 듯이 그는 그 크고 둥근, 많은 나무들이 살랑거리는 정원으로 내려섰다. 그 정원을 통해서 하얀 한 줄기의 널따란 가로수길이 빛을 발하고 있는 것이다.

나는 그 일이 모두 언제 일어난 일인지 알지 못한다. 어저께 일어난 일인지 혹은 몇 십 년 전에 일어난 일인지. 그리고 또 어디서 일어났는지도 모른다. 그러나 그것은 아마 영국이었을 것이라고 생각한다. 그렇지 않으면 스코틀랜드일 것이다. 왜냐하면 스코틀랜드에만 그와 같이 넓고 각석(角石)을 높이 쌓아 놓은 성들이 있기 때문이다. 그러한 성들은 멀리서 볼 때에는 성곽처럼 완강하게 보이지만 가까이 와서 친밀하게 보는 사람에게는 맑은 꽃밭이 있는 정원으로 안내하는 것처럼 보이는 것이다. 그렇지, 나는 이제 그것을 똑똑히 기억할 수 있다. 그것은 스코틀랜드의 북쪽이다. 왜냐 하면 여름의 밤하늘이 밝게 빛나며, 단백석(蛋白石)처럼 우유 빛깔로 반짝이며, 그리 컴컴해지지도 않는 곳은 그 지방밖에는 없기 때문이다. 거기서는 모든 것이 내부에서 비치는 것처럼 살며시 빛나며, 새까만 큰 새들과 같은 그림자만이 밝은 들판 위로 떨어지는 것이다. 이제 나는 아주 똑똑히 기억할 수 있는데, 그것은 스코틀랜드의 이야기임이 틀림없다. 그뿐 아니라 내가 조금만 더 노력을 하면 그 백작의 저택이름과 그 소년의 이름까지 생각해 낼 것 같다. 지금 그 꿈의 컴컴한 겉 껍질이 벗겨져서 뚝 떨어지고, 모든 것을 나는 회상이 아니라 직접 체험한 것처럼 명확하게 느끼기 때문이다. 그 소년은 여름 동안에, 출가한 누이의 집에 손님으로 가 있었는데, 영국의 지체있는 집안의 친절한 풍습에 따라 홀로 있었던 것이 아니다. 저녁때는 여러 명의 사냥 나온 사람들과 그 부인들이 모였으며, 거기에 몇몇 처녀들이 합석하였는데 모두가 아주 고상하고 아름다운 사람들이었다. 그들의 명랑성과 청춘은 옛 성벽에 부딪쳐서 반향을 이루었으며, 결코 소란스럽지는 않았다. 매일같이 말들이 이리저리 뛰었으며, 개들은 공동 수렵지로 이끌려 갔다. 건너편에는 서너 척의 보트가 강물 위에 떠있고, 그리 바쁘지 않은 하루하루의 활동이 기분좋게, 빠른 율동을 보여 주었다.

그런데 그때는 저녁이었다. 식탁에서는 사람들이 벌써 해산을 하였고, 신사들은 홀에 앉아서 담배를 피우고 트럼프 놀이를 하였으며, 밝은 창문에서는 하얀 광선이 주변에 얼씬거리며 흔들흔들 정원을 향하여 한밤중까지 새어 나오고, 때로는 명랑하고 기분좋은 웃음소리가 흘러나왔다. 부인네들은 대개 벌써 자기 방으로 돌아갔으며, 아마 한두 사람 홀에 그냥 남아서 지껄이는 사람이 있을 정도였다. 그리하여 저녁이 되면 그 소년은 항상 아주 고독하였다. 소년은 신사들 사이에서는 아직 어울릴 수 없었으며, 낀다 하더라도 잠시 동안에 불과하였다. 그리고 부인들 곁에 있어서는 그는 수줍었다. 왜냐하면 그가 이따금 방문의 고리를 열기만 하면 그들이 갑자기 목소리를 낮추어서 이야기를 했고, 그것이 자기가 들어서는 안 될 이야기인 것을 알아차렸던 까닭이다. 하여간 대체로 봐서 그는 그들의 모임을 좋아하지 않았다. 그들은 자기에게 어린애를 대하는 것과 같이 질문을 해 놓고 그의 대답은 별로 신경써서 듣지 않고, 다만 여러 가지 조그마한 일들을 위하여 자기를 이용한 다음에 말 잘 듣는 아이들을 대하는 것처럼 칭찬을 퍼부었기 때문이다. 그래서 그 아이는 침실로 가려고 꾸부러진 계단을 올라갔다. 그러나 방은 무덥고, 답답한 공기가 가득 차 있어서, 못 견디리만큼 더웠다. 낮에 창문을 닫아 놓는 것을 잊어버렸기 때문에 태양이 그 속에서 위력을 발휘하였던 것이다. 태양은 책상을 뜨겁게 쬐여 놓았으며, 침대를 화끈화끈하게 하고 벽에도 오래 머물러 있었고, 그뿐 아니라 방의 구석구석과 커튼에서까지 태양의 후끈후끈하는 숨결이 생생하게 떨리고 있었다. 그리고 아직 시간도 퍽 일렀으므로—밖에는 여름밤이 하얀 초처럼 미광을 발하며, 그렇게 고요하고 그렇게 바람 한 점 없이, 맥빠진 조용함이었다. 그래서 그 아이는 높다란 저택의 계단을 다시 내려와서 정원으로 나갔다. 정원의 어두컴컴한 주변에는 하늘이 후광처럼 희미하게 빛을 발하고 있었다. 그리고 눈에 보이지 않는 많은 꽃들이 토해 놓은 향기가 가득하니 자기를 향하여 손짓하며 떠도는 것 같았다. 그는 이상한 기분이 되었다. 열 다섯 살의 산란한 감정으로는 그것을 무엇이라고 말해야 할는지 몰랐다. 그러나 그의 입술은 밤으로 향하여 무엇인가 이야기를 하지 않으면 안 될 것처럼 떨리고, 무엇인지 신비스럽고 친밀한 것이 자기와 고요한 여름밤 사이에 놓여 있는 것 같아서, 손을 들기도 하고 눈을 오래도록 감기도 해보았다. 그것이 지금 자기에게 이야기를 하고 인사를 하고자 하는 것같이 느껴졌기 때문이다.

  소년은 널따란 가로수 길로부터 좁은 사잇길로 접어들었다. 머리 위에는 드높이 은빛의 나무 끝들이 껴안는 것같이 보였으며, 밑에는 어둠이 밤의 무게를 가지고 놓여 있었다. 아주 조용하였다. 그 속에서 붙잡을 수 없는 달콤한 멜랑콜리에 빠져, 산보하고 있는 소년을 향하여 불어오는 것은 다만 정원 속의 묘사할 수 없는 적막의 소리―풀 사이로 떨어지는 보드라운 비라든지, 풀줄기들이 서로 스치는 맑은 소리라든지, 그와 같은 단조로운 진동뿐. 그는 여러 번 나무를 스쳐도 보고 잠시 머물러서는 그 미약한 소리를 들어 보려고도 하였다. 모자가 이마를 누르기 때문에, 그는 모자를 벗어 버리고 핏줄기가 펄떡펄떡하는 뒤통수를 내놓아, 졸리운 듯한 바람의 손길로 만지작거리도록 하게 하였다.

  어둠 속을 더 깊숙이 들어갔을 때 갑자기 놀라운 일이 생겼다. 뒤에서 살며시 자갈 소리가 들려온 것이다. 놀라서 뒤를 돌아다보니 날씬하고 하얀 사람의 모습이 나불나불하는 광선처럼 자기 앞으로 다가오는 것이었다. 어느새 그는 놀랍게도 어느 여자에 의하여 강하게, 그러나 포근하게 껴안겨 있는 것을 발견하였다. 따스하고 부드러운, 어느 모르는 사람의 육체가, 자기의 육체를 꾹꾹 눌러 주는 것이었다. 그리고 떨리는 손이 재빨리 자기의 머리를 쓰다듬는 것이 아닌가! 모르는 사람의 그 손길은 자기의 머리를 뒤로 젖혔으며, 그는 꿈속같이 자기의 입술에 닿는 낯설고 벌려진 실과를 감각하였다. 그것은 자기의 입술을 빠는, 떨리는 어느 여자의 입술이었다. 그 얼굴이 자기에게 너무 가까이 있어서, 누구의 얼굴인지 알아볼 수가 없었다. 그리고 감히 알아보려고도 하지 못했다. 고통과 같은 떨림이 그의 육체를 완전히 휩쓸어서, 그는 눈을 감지 않을 수 없었으며, 불타는 입술의 포로가 되어서, 의식 없이 몸을 내맡기지 않을 수 없었던 까닭이다. 자기도 모르게 어느새 꿈과 같이 그의 팔은 모르는 여자의 그 육체를 붙잡았으며, 완전히 도취되어 모르는 육체를 자기에게로 꼭 껴안을 수밖에 없었다. 그의 손은 부드러운 육체의 선을 따라서 탐욕스럽게 어루만지며 흘러가다가는 다시 쉬고 다시 떨고, 그러면서 점점 몸은 화끈화끈 날아오르고, 흥분하여 갔다. 그가 내맡긴 가슴 위에는, 그 육체의 무게 전부가 엎치어서 그 환희의 무거운 짐이 자기의 몸을 점점 더 지끈지끈하게 누르는 것이다. 그는 자기도 모르게 몸이 가라앉고, 허덕이는 숨소리와 함께 자기를 누르는 그 육체와 더불어 어디론지 흘러 내려가는 것 같은 느낌을 받았을 때, 그대로 감당을 못하여 무릎을 꿇고 만 것이었다. 아무것도 생각할 수가 없었다. 그 여자가 어떻게 해서 자기한테로 왔는지, 그 이름이 무엇인지 알아볼 생각도 못했으며, 다만 그 향기로운 입술에서 욕망을, 눈을 꼭 감은 채 빨아들일 뿐이었다. 그래서 마침내는 도취되어, 뜻 없고 감각 없는 무한대의 정열의 바다 속으로 끌려 들어갈 뿐이었다. 그에게는 마치 별들이 갑자기 떨어져서 자기의 눈앞에 반짝거리고, 모든 것이 불꽃처럼 떨리며, 건드리는 것마다 불타오르는 것 같았다. 얼마나 오랫 동안 그와 같은 상태가 계속 되었는지, 그에게는 알 수 없는 일이었다. 그와 같이 보드라운 결박을 당하고 있던 시간이 몇 시간이었는지 그렇지 않으면 몇 초 동안이었는지 그것조차 알 수가 없었다. 하여간에 모든 것이 정욕적인 투쟁의 거친 감각 속에서 불타올랐으며, 놀라운 도취경 속으로 희미하게 이끌어 간 것을 느낄 뿐이었다.

그러자 갑자기 그 뜨거운 결박이 후딱 끊어져 버렸다. 돌연히, 거의 무뚝뚝할 정도로 그 포옹은 그의 눌려진 가슴을 풀어 준 것이다. 알 수 없는 그 자태는 벌떡 몸을 일으키더니 명랑하고 빠른 걸음거리로 나무 사이를 스쳐 지나가는 하얀 불빛의 선과 같이, 손을 쳐들어 붙잡을 여유도 주지 않고, 어디론지 사라져버렸다.

그 사람은 누구였을까? 그리고 얼마나 오랜 시간이 지난 것이었을까? 그 소년은 불안과 혼란 속에서 나무를 의지하고 일어섰다. 차츰 냉정한 생각이 그의 뜨거운 뒷덜미로 다시 흘러왔다. 갑자기 자기의 인생이 몇 백 시간이나 지나가 버린 것 같았다. 희미하게 머릿 속으로만 꿈꾸고 있었던 여성과 정열이 이제 갑자기 현실적인 것으로 나타난 것이 아닐까? 소년은 자기 몸을 만져 보고 머리털을 끌어 잡아당겨 보았다. 꿈 같지는 않았다. 두근두근하는 뒷덜미는 축축하였다. 그들이 쓰러졌던 풀밭의 이슬로 축축하고 차가워졌던 것이다. 다시금 그 모든 광경이 그의 눈앞에 번쩍거렸다. 불타는 입술을 다시 느꼈으며, 살랑거리는 의복을 통해서 정욕의 이상한 향기를 다시 호흡하는 것 같았다. 하나하나의 말마디를 생각해 내려고 하였지만 한 마디도 그에게는 떠오르지 않았다.

그 여자가 전혀 한 마디도 이야기를 하지 않고, 심지어 이름조차 알리지 않았던 것을 이제 새삼스레 놀라며, 생각하였다. 생각나는 것이라고는 마구 솟아오르는 한탄성과 숨이막힐 듯한 포옹과 억눌린 경련적인 정욕의 오열(嗚咽)이었다. 그 여자의 엉클어진 머리의 향기를 기억할 수 있었고, 그 여자의 젖가슴에 뜨거운 압력과 그 여자의 피부의 법랑(琺瑯) 같은 미끄러움을 느낄 수가 있었으며, 그리고 그 여자의 몸매, 그 여자의 숨소리, 그 여자의 모든 떨리는 듯한 감각이 완전히 자기의 것이 되었다는 것은 알 수 있었으나, 그 여자가 누구이었는가는—어둠 속에서 갑자기 사랑을 가지고 닥쳐온 그 여자가 누구이었는가는 짐작할 수도 없었다. 그 놀라움과 그 행복을 이름 지어 부르기 위한 어느 한 사람의 이름을 그 소년은 입 속으로 중얼거려 보았으나, 그 이름을 찾아낼 수는 없었다.

그러나 그가 지금 갑자기 경험한 어느 여자와의 괴상 망칙한 사건도, 지금 어둠 속에서 꾀이는 듯한 눈으로 자기를 노리고 있는 그 불타오르는 비밀에 비교하면 아무것도 아니며, 초라하고 빈약하게만 보이는 것이었다. 그 여자는 대체 누구일까? 소년은 황급히 머릿 속에서 모든 가능성을 생각해 보았다. 그 널따란 저택 속에 사는 여자들의 모든 얼굴을 모아서 눈앞에 떠올려 보았다. 하나하나의 조그마한 지나간 시간들을 다시 돌이켜 생각해 보고, 그들과의 대화의 마디마디를 기억 속에서 파헤쳐 보았다. 그 수수께끼 속에 얼키어져 있을는지도 모르는 다섯 사람, 혹은 여섯 사람의 미소를 하나하나 생각해 보았다. 나이가 먹어 가는 남편을 가끔 명랑하게 해대는 젊은 E 백작부인, 드물게 보드랍고 불그레한 눈동자를 가지고 있는 자기 아저씨의 젊은 부인, 그렇지 않으면 혹시—소년은 그 생각에 깜짝 놀랐다—혹시 자기 사촌 누이들 중에 한 사람이 아닐까? 셋이서 똑같이 교만하고, 자랑스럽고, 깔끔한 성질을 하고 있는, 서로 비슷비슷한 누이들이 아닐까? 아니다. 그럴 리가 없다—그들은 모두 냉정하고 조심성 있는 사람들이 아니냐? 사실 그는 최근에 남 모를 불꽃이 마음속에서 설레이게 되고 꿈속에서도 불타오르는 것을 느끼게 된 이래, 요 몇 해 동안 가끔 자기 자신을 변태적이고 병적인 것으로 생각해 왔었다. 그리고 아무 불안도 정열도 없이, 아무 갈망도 하지 않거나 하지 않는 것처럼 보이는 그들 전부를 그는 얼마나 부럽게 생각했던 것일까? 그는 참말로 자기의 잠깨어 가는 정열을 마치 무슨 병이나 대하는 것처럼 두려워했다. 그런데 시방 저 여자가…? 도대체 누가…? 이 저택 속에 있는 어느 여자가 그와 같은 멀쩡한 장난을 한 것일까? 차츰 그의 피 속에서는 그와 같은 계속적인 의문의 도취가 가라앉아 갔다. 밤은 깊어지고, 대청의 등불은 꺼졌다. 그 널따란 저택 속에 아직도 잠이 깨어 있는 사람이라곤 그 소년 하나밖에 없었다.—아니, 또 하나의 여자, 알지 못하는 그 여자도 있었을 것이다. 살그머니 피로감이 그에게 일어났다. 무엇 때문에 자꾸만 생각을 하는 것일까? 내일만 되면 한번의 눈짓으로, 미간(眉間)의 반짝임으로, 그렇지 않으면 남모를 악수 한번으로, 다 알아질 것이 아니냐. 소년은 조금 전 꿈결같이 그 계단을 내려왔을 때와 마찬가지로 꿈결같이 그 계단을 올라갔으나 지금은 모든 것이 먼저와는 아주 다른 것 같았다. 핏줄은 아직도 약간 흥분되어 있었고, 후끈한 방은 먼저보다는 더 시원하고 산뜻하여 보였다.

다음날 아침 잠이 깨었을 때, 아래층에서는 벌써 말(馬)들이 땅을 구르고 흙을 파헤치는 소리가 들렸다. 사람들이 웃으며 떠들썩하고 자기 이름을 부르는 소리가 들렸다. 벌떡 일어났다.—아침식사도 할 사이가 없이—번개처럼 옷을 갈아입고 밑으로 뛰어 내려갔다. 거기서는 여러 사람이 벌써 기쁘게 그를 맞아 주었다.

"잠꾸러기시군요!"

하며 E 백작부인이 웃음으로 대한다. 명랑한 눈에는 웃음이 깃들여 반짝인다. 더듬는 소년의 눈초리는 그 여자의 얼굴을 쏘아본다.—아니다, 아니다! 이 사람은 아니다! 아무 거리낌 없는 웃음으로 봐서 그럴 리가 없다.

"좋은 꿈 꾸었어요?"

하며 아저씨의 젊은 부인이 조롱하듯 말하였다. 그러나 그 여자의 가냘픈 몸매로 보아서 너무나도 홀쭉한 것 같았다. 소년은 차례차례로 살피는 눈초리를 여자들에게 돌려 보았으나 아무도 미소를 지으며 맞아 주는 기색은 없었다.

모두가 말을 달려 시골길로 들어갔다. 소년은 하나하

나의 목소리를 주의하였고 안장 위에서 움직거리는 여인들의 육체 하나하나의 선과 하나하나의 물결을 주시하였다. 몸을 꾸구리는 것이나 팔을 올리는 것까지도 빼놓지 않았다. 점심식탁에서는 담화하는 가운데 몸을 구부려서 여인들의 입술의 향기를 살피고, 머리의 냄새를 맡아 보려고 하였다. 그러나 아무런 흔적도 아무런 증후도 그의 들뜬 생각을 몰아치게 하는 흔적은 없었다.

여름날은 한없이 길었건만 차츰 기울어지기 시작했다. 책을 읽으려고 하였지만 글씨가 책의 테두리를 빠져나와 갑자기 바깥 정원에 눈이 이끌려 가는 것이었다. 그리하여 날은 다시 저물어, 또다시 이상한 밤이 되었다. 그리고 그는 다시 모르는 여자의 팔에 안기는 것 같은 감각을 느낀다. 그래서 그는 떨리는 손에서 책을 내려놓고 연못 있는 데로 가보려고 한다. 그러자 갑자기 정지하여 스스로 놀라며 바로 어제의 그 자리, 자갈길 위에 서버렸다. 저녁식사 때는 몸이 뜨거웠으며, 손은 어리둥절하여 마치 쫓기는 사람 모양 여기저기를 만작거렸다. 두 눈은 겁을 머금고 눈거풀 사이로 숨었다. 다른 사람들이 마침내, 오! 마침내, 의자를 떠나 버리고서야 비로소 그는 안심을 하고 그 방을 나르듯이 뛰어나갔다. 그리고 정원으로 나가서 뿌연 안개가 발밑에서 희미하게 빛나는 것 같은 하얀 자갈길을 이리저리 거닐었다. 갔다가는 오고, 다시 갔다가는 또 돌아오고, 백 번이고 천 번이고 계속하였다. 대청에는 벌써 불이 켜진 것일까? 그렇지. 드디어 불은 켜지고 새까맣던 이층의 창문에서도 한두 개 불빛이 반짝이게 되었다. 부인네들은 이제 방으로 들어간 것이다. 이제 몇 분만 있으면 그 여자가 나타날지도 모른다. 그러나 그 일분 일분이 터질 것같이 참을 수 없는 조바심이었다. 그래서 다시 한 번 그 길을 갔다가는 온다. 눈에 보이지 않는 끈으로 이끌리는 것같이 힐쭉힐쭉 몸을 움직이고 있었다.

  그 순간 하얀 자태가 계단을 스쳐 내려와 재빨리 알아볼 수도 없으리만큼 달려왔다. 달빛의 줄기인 것도 같고 심지어 나무 사이를 스쳐가는 베일이 빠른 바람에 나부껴서 사라져 가는 것도 같았다. 그러자 벌써 그 여자는 소년의 품안으로 뛰어들었으며, 그의 팔은 그와 같은 질주로 거칠게 두근거리는 여자의 뜨거운 육체를 힘껏 껴안았다. 그 찰나에 또다시 어제와 꼭 마찬가지로 뜨거운 물결이 자기도 모르는 사이에 가슴에 복받쳐 오름을 느꼈다. 그 달콤한 충격으로 전신의 힘이 빠져나가고 마침내 어두운 욕정의 흐름 속으로 휩쓸려 내려가고자 하는 것 같았다. 그러나 그 다음 순간, 갑자기 도취에서 깨어나고 그 소년은 자기의 불 같은 정열을 억눌렀다. 아니다. 이 이상한 정욕 속에 사로잡혀서는 안 되겠다. 이 목마른 입술에 입을 맡겨서는 안 되겠다. 자신에게로 달려드는 이 육체의 이름이 무엇인지를 알기 전에는, 그렇게 할 수가 없다. 모르는 그 육체의 심장 소리는 자기 자신의 가슴속에서 뛰는 것같이, 그렇게 소리 높건만! 소년은 고개를 기울여서 그 여자의 키스를 피하고 그 얼굴을 보려고 하였다. 그러나 그림자가 끼어서 명료하지 않은 빛 속에 어둑어둑한 머리카락이 섞여졌다. 나뭇가지들의 얽히고설킨 것이 너무 조밀하였으며, 구름이 낀 달빛은 너무 약하였다. 다만 샛별같이 빛나는 두 개의 눈동자가 마치 희미하게 빛을 발하는 대리석 속에, 깊이 박혀 있는 찬란한 보석과도 같이 빛나는 것을 볼 수 있었을 뿐이었다.

소년은 그때에 한 마디의 말이라도 듣고 싶었다. 그 여자의 목소리의 찢어진 한 조각의 말마디라도 듣고 싶었던 것이다.

"당신은 누구세요? 가르쳐 주세요. 당신이 누구인가를?"

하고 소년은 간절히 물어 보았다. 그러나 그 보드랍고 축축한 모르는 입술은 키스를 줄 뿐, 대답은 주지 않았다. 그는 강제로 한 마디의 말을 시켜 보려고 하였다. 고통의 부르짖음이라도. 그래서 팔을 비틀고 손톱을 살속 깊이 눌러 보았으나 그 여자의 부풀은 가슴에서는 다만 허덕거림과 뜨거운 입김과 완강하게 침묵하는 입술의 따스함밖에는 없었다. 가끔 나지막한 신음소리는 들렸지만 그것이 고통 때문인지 기쁨 때문인지는 알 수 없었다. 그 소년은 한층 미칠 듯하였다. 그 고집 센 여자가 아무리 해도 대답을 않는 것을 어쩔 수 없었기 때문이다. 어둠 속에서 갑자기 나타나 자기를 붙잡고도 누구라는 것을 밝히지 않는 그 여자, 그 여자의 욕정적인 육체에 대하여는 무한한 힘을 가지고 있으면서도 그 여자의 이름에 대해서는 알아볼 도리가 조금도 없는 것에 대하여 그 소년은 미칠 듯하였던 것이다. 그는 분노의 마음이 일어나서 여자의 포옹을 물리치려고 하였다. 그러자 그 여자는 소년의 팔이 누그러진 것으로써 소년의 불안감을 눈치채고, 흥분한 손으로 아양을 떨며 달래며 소년의 머리를 쓰다듬는 것이었다. 그순간, 소년은 그 여자의 손가락이 지나갈 때에 자기의 이마에 무엇인가가 쨍그랑하고 조그마한 소리를 내는 것을 들었다. 그것은 그 여자의 팔찌에서 풀어져서 흔들거리는 메달이었다. 금화로 된 메달인 것이다. 그때 소년은 번뜩 하나의 생각을 하였다. 그는 거친 정열에 사로잡힌 것처럼 그 여자의 손을 끌어다가 반나체의 자기 팔에 그 금화의 자국이 피부에 아로새겨지도록 꼭꼭 눌렀다.—그리하여 소년은 몸에서 무엇인가 타오르는 것 같았으며, 따라서 자발적으로 누르고 눌렀던 정열에 마음놓고 몸을 맡겼다. 여자의 육체에 자기의 몸을 꾹 누르고 그 입술로부터 기쁨의 샘물을 빨아들이고, 말없는 포옹속에 잠긴 신비스러운 정욕의 작열 속에 빠진 것이다.

잠시 후에 그 여자가 어저께와 꼭 마찬가지로 갑자기 뛰어올라서 바람과 같이 사라져 버렸다. 그러나 그는 붙잡으려고 하지 않았다. 소년의 혈맥 속에는 그 메달의 기호를 알아보려는 호기심이 열병처럼 들떠 있었기 때문이다. 그는 자기 방으로 뛰어 들어가서 희미하게 불타는 램프불을 돋우고 자기 팔에 아로새겨진 그 자국을 허겁지겁하여 들여다보는 것이었다.

자국은 벌써 그렇게 명료하지 않았다. 완전한 동그라미는 사라져서 없었고, 한쪽 구석만이 아직도 날카롭고 빨갛게 새겨져 있어서 알아볼 수는 있을 정도였다. 구석구석의 각은 지워졌지만 그것이 대략 페니히 정도의 화폐로서 크기는 중간이고 비교적 두툼한 금화인 것은 틀림없었다. 그것은 한쪽의 자국이 깊이 난 것으로 그 두께를 알 수 있었다. 소년이 그 자국을 그렇게 탐탁하게 들여다보고 있으려니까 그 자국은 불처럼 화끈화끈하여 무슨 상처와도 같이 갑자기 아파졌다. 그래서 손을 차가운 물에 담그니 그 고통스러운 열기가 비로소 빠졌다.

'메달은 팔각형이다'

—이제는 틀림없이 알 수 있을 것이다. 내일은 모든 것을 다 알게 될 것이다—그 소년은 그렇게 확신했고, 시선은 승리의 빛으로 반싹반짝이였다.

그 다음날 아침에 그는 제일 먼저 아침식탁에 나타났다. 그 자리에는 부인으로서 다만 나이 먹은 노처녀와

자기의 누님, 그리고 E 백작부인뿐이었다. 모두 기분들이 좋았으며, 담화는 거리낌없이 이리저리 그의 곁을 왕래하였다. 그래서 더 한층 그는 관찰하기가 좋았다. 소년의 눈초리는 재빨리 백작부인의 손으로 갔다. 부인은 팔찌를 끼고 있지 않았다. 그제야 그는 침착하게 그 여자와 이야기할 수 있었다. 그러나 항상 그의 눈은 신경질적으로 문 있는 곳을 감시하였다. 그러자 세 명의 사촌누이들이 동시에 들어왔다. 그는 다시 불안에 사로잡혔다. 소매 끝에서 흘끗 팔찌가 하나 눈에 띄었는데 너무나 빨리 자리에 앉았기 때문에 누구의 것인지 확인을 할 수 없었다. 맞은편에는 밤색의 키티, 그리고 금발의 말고트와, 밝은 머리색깔의 엘리자베스가 자리를 잡았다. 그 머리색깔은 어둠 속에서는 은빛으로 빛나고 태양빛을 받으면 금발처럼 반짝이는 색깔이었다. 세 사람은 모두 언제나와 마찬가지로 냉랭하였다. 조용하고 깔끔하고 거기다가 쌀쌀한 품위까지 보였는데, 그것은 소년이 항상 싫어하는 것이었다. 왜냐하면 그들은 자기보다 별로 더 나이가 많지 않았으며, 2,3년 전만 하더라도 같은 장난동무들이었기 때문이다. 아저씨의 젊은 부인은 아직 나타나지 않았다. 소년은 해결이 가까이에 있다고 느꼈으므로 점점 더 마음의 안정을 잃어버렸다. 그리고 그 비밀에 싸인 수수께끼 같은 고통이 그에게는 즐겁기까지 하였다. 그러나 그의 시선은 호기심에 가득 차서 식탁의 언저리를 이리저리 더듬었다. 하얗게 빛나는 식탁 언저리에서는 여자들의 손이 조용히 놓여 있거나, 혹은 천천히 반짝이는 항구의 배들처럼 움직이는 것이었다. 소년은 다만 손들만 주목하였다. 그러니까 그 손들이 마치 무슨 동물처럼 보이고 무슨 무대에 있는 인물들처럼 보였다. 각각의 손이 마치 생명과 영혼을 가진 것처럼. 무엇 때문에 뒷덜미에서는 피가 욱신욱신하고 물결치듯 하는 것일까? 세 사람의 사촌누이들이 모두 팔찌를 끼고 있는 데에 그는 깜짝 놀랐다. 틀림없이 그 교만하고 겉으로 보기에는 흠 잡을 데 없는 여자들이—이 여자들 중에 한 사람일 거라는 확신이 그의 마음을 어지럽혔다. 그들은 어렸을 때부터 완고하게 자기 자신들 속에만 틀어박혀 있는 것으로 알고 있지 않았던가! 그 세 사람 중에 누구일까? 제일 나이 많고 제일 사이가 멀었던 키티일까? 그렇지 않으면 쌀쌀하고 퉁명스러운 말고트일까? 또는 제일 작은 엘리자베스일까? 그는 그들 중의 어느 한 사람도 원할 수가 없었다. 속으로 그는 그들 중의 한 사람이 아니기를 바랐다. 혹시 그들 중의 하나라해도 그것을 알기를 원하지 않았다. 그러나 그것이 누구인가를 알고자 하는 욕망이 벌써 참을 수 없이 들이닥치는 것을 어찌할 수 없었다.

"차를 한 잔 더 주시겠습니까, 키티?"

그의 목소리가 마치 목구멍에 모래라도 끼인 것같이

울렸다. 그는 찻잔을 내밀었다. 그 여자도 팔을 올렸다. 그가 있는 쪽까지 팔을 쑥 내밀지 않을 수 없었던 것이다. 그 순간—그는 팔찌에 매달려서 흔들거리는 메달을 보았다. 갑자기 소년의 손이 따뜻해졌다. 그러나 아니다. 그것은 둥그런 윤곽을 가진 사파이어였다. 도자기에 부딪혀서 가늘게 쨍그렁하였다. 그의 시선은 감사의 빛을 띠우고 갈색의 키티 머리를 키스하듯이 스쳐갔다.

잠시 그는 숨을 돌렸다.

"미안하지만 설탕을 집어 주실 수 있어요, 말고트?"

건너편 식탁 위에 있던 날씬한 손이 민첩하게 뻗쳐지더니 설탕그릇을 집어서 내미는 것이었다. 그때 소년은 손을 가늘게 떨며 주시하였다—팔꿈치가 소매에 감추어지는 근처에 섬세하게 만들어진 팔찌에서 오래된 은하 한 개가 흔들거리는 것을 본 것이다. 그것은 동전의 크기로 마멸되어 있었으며, 분명히 전해 내려오는 물건으로 보이는 팔각형의 은화(銀貨)였기 때문이다. 어제 저녁 자기의 육체에 자국을 주어, 불타던 것도 날카로운 팔각형이 아니었던가! 소년의 손은 흔들흔들하여졌다. 설탕을 집는 집게가 두 번 더듬더듬하여서 간신히 한 조각의 설탕을 찻잔에 집어 넣을 수 있을 정도였다. 그리고 그 차를 마시는 것조차 잊어버렸다.

'말고트!' 하며 입술이 떨리는 그 이름이 무서운 경악의 부르짖음으로 변하려는 것을 억지로 잇새에 꼭 깨물고 참고 있었을 때에, 말고트가 무엇인가 말을 한 것 같았다―그러나 그 여자의 목소리는 누군가가 교단에서 말하는 것처럼 대단히 낯선 음성이었다.―냉정하고 신중하고 약간 비웃는 듯하며, 그러면서도 태연스러운 숨소리가 그에게는 그 여자의 생활에 숨겨진 무서운 거짓으로 보였으며, 거의 두려울 지경이었다. 어저께 자기가 받았던 정열의 허덕임, 그리고 자기가 맛보았던 축축한 입술, 한밤중에 맹수와도 같이 자기에게 달려들던 그 여인이 바로 지금 이 사람이란 말인가? 참으로 그럴 수 있겠는가? 소년은 자꾸만 그 입술을 응시하여 보았다. 시치미를 떼는 태연스러운 태도와 고집은 그 날카로운 입술 속에 담겨질 수 있었지만 그 정열은 대체 어디에 숨어 있을 수 있겠는가? 그는 처음 보는 사람처럼 그 여자의 얼굴을 찬찬히 들여다보았다. 그러니까 처음으로 소년은 몸이 떨리는 것 같은 행복감이 밀려들며, 눈물이 나올 정도로 감격하였다. 그 여자가 그와 같이 교만한 가운데에 뛰어나게 아름다우며, 그와 같이 비밀에 감싸여져서 한층 더 매력적임을 이제 비로소 깨달은 것이었다. 소년의 눈초리는 정욕적으로 그 여자의, 눈썹이 둥글고 날카로운 각도를 지어, 갑자기 위로 향해 있는 것을 따라 머무르더니, 진한 회색빛 눈동자의 냉정한 홍옥수(紅玉髓)를 깊이 파고들고, 살짝 비추어 보일 듯한 광채 있는 뺨의 피부를 스쳐, 지금 힘있게 다물어진 입술을 핥아 보고, 금발의 머리 주변에 잠시 머뭇거리다가, 돌연 시선을 떨어뜨려 그 여자의 전체의 모습을 파악하였다. 지금 이 순간까지 그는 그 여자를 모르고 있었던 것이다. 그래서 이제 식탁에서 일어서며, 그의 다리는 후둘후둘 떨렸다. 그 여자를 바라보는 동안에 진한 술에 취한 것같이 되어 있었던 것이다.

아래층에서는 벌써부터 그의 누이가 부르고 있었다. 말들이 아침 승마를 위하여 준비를 마치고, 들떠서 발을 구르며, 참지를 못하여, 자갈을 깨물고 서 있었다. 한 사람씩 재빨리 안장 위에 올라타고, 일행은 화려한 행렬을 지어서 널찍한 정원의 가로수길을 지나, 앞으로 달렸다. 처음에는 서서히 서행으로 행진하였는데, 그 단조로운 말굽 소리는 소년의 끓어오르는 핏줄의 소리에 전혀 어울리지 않았다. 그러나 그 다음, 문밖으로 나가자, 그들은 고삐를 들어 우루룩하고 좌우로 벌려서 들판을 향하여 돌진하였다. 들판은 아직도 아침 안개로 흐릿하였다. 간밤에는 이슬이 많이 내렸기에, 베일을 씌운 것같이 희미한 가운데, 흔들거리는 이슬방울이 반짝이고 있었으며, 공기는 마치 폭포수가 바로 앞에라도 있듯, 심하게 냉랭하였다. 한데 모여 있던 일행이 풀리어 이 대열은 산산이, 각색의 파편으로 흩어졌다. 한두 명의 기수는 그 동안에 벌써 숲속에서 언덕 사이로 사라져 버렸다.

말고트는 앞장 선 기수 사이에 끼어 있었다. 그 여자가 좋아하는 것은 거칠은 조약이었고, 머리카락을 찢을 듯한 심한 곁바람의 울림이었고, 날카로운 속보로 돌진할 때의 뭐라고 말할 수 없는 쾌감이었다. 소년은 그 여자의 뒤를 따라서 달렸다. 그는 여자의 꼿꼿한 자태가 격심한 동작으로 아름다운 곡선을 그리며 흔들리는 것을 보았다. 그리고 여자의 얼굴에서는 가끔씩 붉은 기운이 살짝 묻어나고, 눈동자가 반짝반짝 빛나는 것을 보았다. 그때 그는 그 여자가 온 힘을 열정에 바치는 것을 보고, 새삼스레 그때를 회상하는 것이었다. 그래서 소년은 갑자기 사랑과 그리움에 사로잡혀 어쩔 줄을 모르게 되었다. 여자를 냅다 부둥켜안고 말에서 끌어내려 자기 품에 다시 한 번 꼭 껴안아, 그 뜨거운 입술을 맛보고 흥분에 떨리는 심장의 격동을 자기 가슴에 받아 보았으면 하는 욕망이 불현듯 일어나는 것이었다. 말의 옆구리에 한 채찍을 가하니, 흐흥 소리와 더불어 그의 말이 뛰어올랐다. 그래서 그는 그 여자와 나란히 달리게 되었다. 무릎이 닿을 듯 말 듯, 발받침이 서로 스쳐서, 가늘게 금속의 소리를 내었다. 지금 이때 말하지 않으면 안 된다. 이 기회를 놓치면….

"말고트!"

그의 목소리는 떨리어 나왔다. 여자는 얼굴을 돌렸다. 날카로운 눈썹이 긴장하여 자기를 지켜보며 묻는다.

"왜 그래요, 보프?"

아주 냉정한 말투였다. 그리고 눈동자도 아주 냉담하게 반짝거렸다. 전율이 전신을 흘러 무릎까지 이르렀다. 무슨 말을 하려고 하였던가? 소년은 생각이 안 났다. 그저 무엇인가 중얼중얼할 뿐이었다.

"피곤해졌어요?"

그 여자는 약간 조롱섞인 말투로 그렇게 이야기하는 것으로 생각되었다.

"아뇨. 다른 사람들은 퍽 뒤떨어져 버렸지요."

소년은 간신히 그렇게 말할 수 있었다. 그러면서, 아직 잠시 동안은 여유가 있다고 느끼고, 무엇인가 아주 대담한 행동을 저질러 버릴 것 같은 기분이었다. 돌연히 팔을 여자에게 내민다든지, 큰 소리로 울어 버린다든지, 제 손 안에 바들바들 떨리고 있는 채찍으로 그 여자를 친다든지―갑자기 그는 말을 뒤로 잡아당겨서, 잠시 말은 앞다리를 번쩍 들었다. 그 여자는 몸을 꼿꼿하게 세운 채 거들떠 보지도 않고 자랑스럽게 그대로 달리기 시작하는 것이었다.

다른 사람들도 곧 그를 따라왔다. 명랑한 담화가 주위에서 이리저리 교환되었다. 그러나 말마디도 웃음소리도 그에게는 딱딱한 말굽 소리나 마찬가지로 아무 뜻 없이 자기 곁을 스쳐갈 뿐이었다. 소년은 그 여자에게 자기의 사랑을 이야기하지 못하고 그 여자의 고백을 드러내지 못할 만큼 용기가 없었다는 것을 무한히 후회하며, 마음을 괴롭혔다. 그 때문에 그 여자를 정복하고자 하는 욕망은 한층 강렬하여지고, 아침 놀의 새빨간 하늘처럼 눈앞의 땅 위로 떨어져 오는 것이었다. '무엇 때문에 그 여자의 교만스러운 태도에 대하여 자기도 조소를 하여 주지 않았을까? 소년은 정신없이 말을 달리고 그렇게 불등걸같이 격동하는 데에서 비로소 약간의 안정된 마음을 얻었다. 그때 되돌아가자고 하는 다른 사람들의 부름소리가 들려왔다. 태양은 건너편 언덕 위로 올라와 중천에 떠 있었다. 들판에서는 부드럽고 훈훈한 향풍이 불어왔다. 눈부시게 반짝이는 색채가 흘러와서 눈에 반사하여 용해된 황금같이 보였다. 대지 위에는 묵직한 기운과 텁텁한 기운이 가득 차고, 땀을 쭉 흘린 말들은 졸리운 듯이 느릿느릿한 보조가 되어 뜨거운 콧김을 품으며 허덕이고 있었다. 기수들은 서서히 모여들고, 쾌활한 기분도 담화도 이제는 퍽 감소되었다.

또한 말고트도 다시 나타났다. 그 여자의 말은 거품을 잔뜩 머금고 희끗희끗한 거품 찌꺼기가 여자의 승마복에서까지 흔들리고 있었다. 둥그런 머리단이 흩어질 듯하였으나 간신히 머리핀으로 유지하고 있었다. 소년은 매혹되어서 그 금색의 머리를 응시하였다. 그 머리가 금세 풀어져서 흔들거리는 변발이 되지나 않을까 하는 생각이 미친 듯이 소년의 흥분을 자극하였다. 벌써 거리

한쪽 끝에는 정원의 둥근 문이 햇빛에 빛났으며, 그 뒤에는 널따란 통로가 저택으로 통하고 있었다. 소년은 조심스럽게 말을 몰아서 다른 사람들 사이를 지나 제일 먼저 문 안으로 들어가서 말에서 뛰어내렸다. 하인들이 재빠르게 쫓아와서 말고삐를 잡아 줬으며, 그는 일행이 도착하는 것을 기다렸다. 말고트는 마지막 일행 속에 끼어 있었다. 아주 천천히, 말을 몰고 상체를 힘없이 뒤로 젖힌 채 무슨 욕정을 겪은 사람 모양 기진맥진한 것 같았다. 그것도 그럴 것이지, 하고 소년은 생각하는 것이었다. 그 여자가 도취에 그와 같이 감각이 마비된 것이라면 어제 저녁도 그제 저녁도 그러하였음에 틀림없는 것이 아닌가! 그와 같은 회상이 소년으로 하여금 마음을 걷잡을 수 없게 만들었다. 그는 그 여자를 향하여 달려갔다. 숨을 죽이고 그 여자를 말에서부터 부축해 내려주었다.

소년이 발받침을 붙들었을 때 그의 손은 열에 들떠서 그 여자 발의 가냘픈 관절을 어루만지며 "말고트……." 하고 신음하듯이 가만히 이름을 불렀다. 그러나 그 여자는 대답조차 않고 한 번 내려다보더니, 거리낌없이 내민 소년의 손을 잡고, 말에서 뛰어내렸다.

"말고트, 당신은 참으로 멋있어요."

그는 떠듬떠듬 말하였다. 여자는 날카롭게 소년을 노려보더니 눈썹이 다시 한 번 쌀쌀하게 치켜떠졌다.

"당신 술 취한 것 같아요. 보프! 거기서 뭐라고 중얼거리고 있어요?"

소년은 그 여자의 가장한 태도에 벌컥 화가 나고 정열에 이성을 잃어, 붙잡고 있던 여자의 손을 자기 가슴에 뚫어져라 하고 꼭 눌렀다. 그 순간 말고트는 얼굴을 붉히며 화를 내고 그를 홱 밀어붙여서, 소년은 비틀비틀하였다. 말고트는 재빠르게 그의 곁을 살짝 빠져나와서 가버렸다. 그 모든 것은 그렇게 빠르고 번개처럼 일어났기 때문에 모든 사람이 알지 못하는 사이의 일이었다. 그리고 소년 자신도 그것이 불안스러운 꿈이었던 것처럼 생각되었다.

소년은 얼굴이 창백해지고, 그 흥분이 종일토록 사라지지 않았다. 그래서 금발의 백작부인은 지나가는 길에 그의 머리를 쓰다듬고, 어디 아프지 않은가 하고 물어보았다. 그리고 낮에는 끙끙거리며 달려드는 자기의 개의 옆구리를 발길로 냅다 차버리도록 골이 났었고, 트럼프할 때에는 처녀들이 모두들 깔깔대고 웃도록 실수를 많이 하였다. 오늘 저녁에는 그 여자가 오지 않으리라는 생각이 그의 피를 거슬렸고, 그를 불쾌하고 거칠게 만들었다. 차를 마시는 시간에 모두들 밖의 정원에 모여 앉았는데, 마침 말고트가 그의 건너편에 자리잡게 되었다. 그러나 그는 소년을 쳐다보지도 않았다. 소년의 눈은 지남철에 끌린 것처럼 떨리며, 그 여자의 눈으로 끌려갔다. 여자의 눈매는 무슨 회색의 보석처럼 차고 딱딱하여 아무 반응이 없었다. 여자가 무뚝뚝하게 자기로부터 시선을 돌렸을 때는 저절로 주먹이 불끈 쥐어지고, 하마터면 때려눕힐 것 같은 기분에 사로잡혔다.
"어쩐 일이에요, 보프! 당신 얼굴이 아주 창백해요!"
그때 갑자기 그런 소리가 들려왔다. 그것은 말고트의 여동생인 조그만 엘리자베스의 목소리였다. 그 여자의 눈에는 따스하고 부드러운 광채가 서려 있었으나, 소년은 그것을 알지 못하였다. 그는 약점을 잡힌 것같이 느꼈고 따라서 거칠게 말을 하였다.
"쓸데없는 걱정은 제발 좀 그만둬 줘요. 제기랄!"
그렇게 말하고 나서 스스로 후회를 하였다. 엘리자베스는 얼굴이 새파래서 외면하고 눈물 먹은 목소리로 말하는 것이 아닌가.
"아까부터 당신이 퍽 이상해서 그랬는걸요, 뭐."
모두가 자기를 향하여 노하고 위협하는 눈초리로 보았다. 그리고 스스로도 자기의 과실을 느껴서 사과의 말을 하려고 했을 때, 마치 면도날처럼 날카롭고 차가운 말고트의 목소리가 식탁 건너에서 가로막았다.
"보프는 대체로 연령에 비해서 버릇이 없단 말예요. 보프를 신사나 어른으로 취급하는 것은 잘못이겠어요."
말고트의 말이었다. 말고트, 바로 엊저녁에 자기의 입술을 내맡긴 여자로서 할 수 있는 말인가! 소년은 자기의 주위가 허물어지고, 눈이 안개 속에서처럼 흐릿해지는 것같이 느꼈다. 분노가 전신을 엄습하였다.
"어디 두고봅시다. 당신은 얼마나 잘났나!"

그는 아주 악의에 찬 말투로 그렇게 말하고, 일어나 버렸다. 갑자기 일어나는 바람에 뒤에서 의자가 덜커덕하고 넘어갔지만 돌아다보지도 않았다.

그러나 저녁때가 되니까, 스스로도 어리석게 생각한 바이지만, 또다시 밑의 정원에 서서, 그 여자가 와주기만을 기도드리고 있었다. 아마 그것도 다만 가장과 반항뿐일는지도 몰랐다. 그러나 이제는 결코 여자에게 무엇을 물어 본다든지 괴롭힌다든지는 하지 않으리라. 하여간에 그 여자가 오기만 한다면…. 그리하여 그 여자의 부드럽고 축축한 입술을 다시 한 번 맛보고, 자기의 격렬한 욕망을 채울 수 있으면…. 모든 의혹은 풀어 보지 못한다 하더라도.

시간은 잠들어 버린 것같이 보였다. 저택 앞에는 밤〔夜〕이 무슨 게으른 짐승 모양 늘어져 있었다. 시간은 한없이 지루하고 길기만 하였다. 자기 주위의 풀밭 속에서 가느다란 속삭임 같은 것이 들리며, 마치 비웃는 소리가 합주하는 것 같았다. 살랑살랑 바람에 나부끼는 나뭇가지들은 달빛의 가냘픈 광선으로 그늘이 흔들흔들하여, 마치 비웃는 자의 손이 흔들리고 있는 것 같았다. 모든 소리들은 서로 엉키고 낯설게 울려 와서, 고요함보다 한층 더 마음을 찌르는 것이었다. 건너편 고지(高地)에서 개가 한 번 짖더니 하늘 높이 별똥이 비스듬히 흔들리고, 저택 뒤 어디엔가 떨어져 버렸다. 밤은 차츰 밝아지는 것 같았고, 거리에 드리워진 나무그림자는 한층 어둠을 더하는 것 같았다. 그리하여 가냘픈 소음은 더욱 더욱 엉키고 혼란해졌다. 그러자 흐르는 구름이 다시 한 번 하늘을 우울하고 거무스름한 빛깔로 물들였고, 고독감은 뜨거운 가슴을 한층 고통스럽게 파고드는 것이었다.

소년은 점점 더 심하고 점점 더 빠르게 왔다갔다하였다. 화가 치밀어서 가끔 나무기둥을 내려치고, 손톱으로 나무껍질을 잡아뜯고 하였다. 홧김에 손가락에서 피가 흐르는 것조차 몰랐다. 아니다, 그 여자는 오지 않을 것이다 하고 그는 알고 있었지만, 그래도 그렇게 믿을 수가 없었다. 오늘 저녁에 오지 않는다면 영원히 다시 오지는 않을 것이기 때문이다. 그것은 자기의 일생에 있어서 가장 고통스러운 순간이었다. 그래서 정열적인 그의 젊음은 축축한 이끼 위에 몸을 내뒹굴고, 몸부림치게 하였고, 두 손으로 흙을 파헤치고, 뺨에는 눈물을 흘린 채, 소리없이 심하게 흐느껴 울도록 만들었다. 결코 어린아이로서 울어 보지 못한 울음이었고, 또한 이제 앞으로도 다시는 울어 보지 못할 울음이었다.

그때에 나무 사이에 바스락 소리가 들려와서, 소년은

자기의 절망으로부터 잠을 깨었다. 벌떡 뛰어 일어나서 어둠 속을 무작정 전진하였을 때 다시 한 번 그는—갑자기 가슴에 부닥친 따뜻한 충격은 얼마나 놀라웠던 것인가—그가 꿈에 그렸던 그 육체를 다시 한 번 껴안고 있었다. 흐느낌이 물거품처럼, 목에서 튕겨 나왔고, 그의 전 존재가 여태껏 맛보지 못한 경련에 녹는 듯하였을 때, 그는 이미 그 날씬하고 충만된 육체를 마음껏 안고 있었던 것이다. 그래서 그 낯설은, 말없는 입술에서 신음소리마저 새어나온 것이다. 그리하여 자기 힘에 압도된 수수께끼의 여인이 신음소리를 발한 것을 느꼈을 때, 그는 비로소 처음으로 여자를 정복한 것을 느꼈다. 이제는 엊저녁이나 그제 저녁처럼 그 여자의 뜻에 따르는 포로가 아니라는 것을 자각한 것이다. 그 여자에게 벌을 주리라는 욕망이 불현듯 솟아올랐다. 자기를 몇 시간이고 괴롭혔던 그 고통을 앙갚음하기 위해서. 그리고 그 여자의 교만함을 고쳐 주리라는 생각—사람들이 보는 가운데서 오늘 오후에 자기에게 모욕적인 언사를 준 것, 그 여자의 생활에 붙어 있는 허위의 유희—그러한 것에 대한 복수였다. 여자에 대한 증오심이 그의 애정과 가를 수 없는 한덩어리가 되어서, 그 포옹은 사랑스러운 애무라기보다 오히려 투쟁이라고 불리는 것에 가까웠다. 그는 여자의 가냘픈 손의 관절을 꽉 눌러서 허덕이는 그 여자의 전신이 하늘하늘 떨리며 몸을 비틀게 하였다. 그리고 다시 한 번 거칠게 포옹을 하니, 이제는 몸을 움직이지도 못하고 그저 둔한 신음소리를 낼 뿐이었다. 그것이 기쁨의 소리인지 고통의 소리인지는 알 수 없었다. 그러나 끝끝내 그 여자로부터 한 마디의 말도 끌어내지는 못하였다. 소년이 여자의 입술을 맹렬하게 빨며, 힘껏 눌러서 그 둔한 신음소리마저 막아 버리려고 하였을 때, 그는 무엇인가 따뜻한 액체가 있는 것을 느꼈다. 피, 흐르는 피, 그 여자의 이가 입술을 그다지 심하게 깨물고 있었던 것이다. 그리하여 그는 그 여자에게 고통을 가하는 동안에 마침내는 스스로 자기의 힘이 다 빠져 버린 것을 느끼게 되었다. 그러고는 뜨거운 정욕의 물결도 지나가고, 두 사람은 가슴과 가슴을 맞댄 채 격렬하게 허덕일 뿐이었다. 화염이 밤하늘에 떨어지고, 눈앞에 반짝반짝하는 별들이 보였다. 만물이 어지럽게 뒤섞였고, 생각은 머릿속에서 혼돈되어 뺑뺑 돌고, 모든 것은 뭉쳐서 하나의 이름을 이루었다.—"말고트!" 영혼의 가장 깊은 곳으로부터 끓어오르는 감격으로 마침내 그는 그 한 마디를 나지막하게 내지른 것이다. 그것은 기쁨과 절망, 동경과 증오, 분노와 애정, 그 모든 것이 동시에 한데 뭉쳐서 사흘 동안의 고통에서 폭발하는 단 하나의 부르짖음으로 표현된 것이다. "말고트! 말고트!" 그에게는 그 두 음절 속에 전세계의 음악이 흔들리고 있는 것 같았다.

하나의 타격처럼, 무엇인가 전신을 꿰뚫고 지나가는 것이 있었다. 갑자기 포옹의 격랑(激浪)이 응고하고, 거칠고 짧은 충격을 받았다. 흐느낌이, 울음이, 목에서 떨리어 나오자, 다시금 여자는 불꽃처럼 몸부림치고, 마치 징그러운 물건이라도 닿았던 것같이, 빠져나가려 드는 것이었다. 그는 놀라서 붙잡으려고 하였으나 여자는 몸을 비틀었고, 얼굴을 가까이 하여 보니, 노여움의 눈물이 그 여자의 뺨으로 떨어지고 있는 것을 볼 수 있었다. 그리고 갸름한 전신이 뱀 모양으로 꿈틀거렸다. 그러자 돌연 그를 밀치고 빠져나가 도망하여 갔다. 희끗희끗한 의복의 빛깔이 나무 사이에 보이더니, 어느새 어둠 속으로 가리워지고 마는 것이었다.

그래서 소년은 다시 홀로 서 있게 되었다. 첫날 저녁처럼, 놀라움과 혼란이 밀려오고, 두 팔에서부터 온기와 정열이 무너져 떨어지는 것을 느꼈다. 쳐다보니 별들은 축축하게 미광을 발하며, 내부에서는 피가 날카로운 송곳 모양으로 이마를 찌르는 것이었다. 이것은 어떻게 된 셈일가? 그는 차츰 설핏해지는 나무의 줄을 따라, 손으로 더듬으면서, 정원 내부 쪽으로 걸어갔다. 거기에는 조그마한 분수가 물을 뿜고 있는 것을 그는 알고 있었다. 그는 물줄기를 손으로 어루만져 보았다. 하얗고 은색으로 빛나는 물이 자기를 향하여 가늘게 속삭이는 듯, 그리고 천천히 구름 사이를 새어나오는 달빛을, 현묘(玄

妙)하게 비춰 주는 것이었다. 그리하여 비로소 눈이 잘 보이게 되었을 때, 마치 미지근한 바람에 나무 끝에서 불어 떨어지기라도 한 것같이, 심한 슬픔이 몰려 들어왔다. 가슴속에서부터 무엇인지 따스한 것이 솟아 와서 눈물을 청하고, 지금 자기가 얼마나 말고트를 사랑한다는 것을 아까 정신없이 포옹하고 있을 때보다 한층 강하고, 명백하게 느끼게 되었다. 지금까지 일어났던 모든 일이 꿈과 같이 사라졌다. 그 여자를 소유하였을 때의 도취, 전율, 경련, 그리고 자기를 벗어났을 때의 알지 못할 노여움, 그 모든 것이 사라지고, 다만 감미로운 애수(哀愁)와 애정(愛情)만이 그를 둘러싸는 것이다. 그것은 이미 격정(激情)을 벗어난 고요하고 그러나 강한 사랑이었다.

무엇 때문에 자기는 그 여자를 그렇게 고통스럽게 한 것이었을까? 그 여자는 지나간 사흘 동안 말로 표현할 수 없으리만큼 많은 것을 자기에게 베풀어 주지 않았던가? 자기의 생활이 어렴풋한 황혼에서 갑자기 눈부신, 그리고 위험한 광채 속으로 뛰어들게 된 것이 아니었던가? 그 여자가 자기에게 애정과 사랑의 걷잡을 수 없는 전율을 가르쳐 주었기 때문이 아니던가? 그런데 그 여자는 눈물을 흘리고 노하여 가버린 것이다! 반항할 수 없는 부드러운 갈망이 마음속에서 타협을 하라고, 부드럽고 고요한 말을 해주라고, 간절한 요구가 되어 솟아오르는 것이었다. 그 여자를 팔에 껴안고 아무것도 바람이 없이 다만 감사하다고 그렇게 말하고 싶은 욕망이었다. 사실 그는 그 여자에게로 가서 아주 공손하게 고백하고 싶었다. 얼마나 순수하게 그를 사랑하고 있는가를, 그리고 다시는 이름을 묻지도 않고 아무러한 질문도 강요하지 않겠노라고….

분수는 은색으로 졸졸거리며 흘러나오고, 문득 그는 그 여자의 눈물을 생각하게 되었다. 아마 지금 쯤 혼자서 자기 방에 앉아 있겠지 하고, 그는 계속해서 생각하였다. 모든 사람을 엿듣고 있으며, 그러나 아무도 위안하여 주지는 못하는 그 속삭이는 밤만이, 그 여자의 동정을 듣고 있을 것이다.―그 여자의 한 가닥의 머리카락조차 보지 못하고, 더듬거리는 말마디 하나 제대로 듣지 못하고, 이렇게 멀리 떨어져 있으면서 가까이 있다는, 그런 생각이 얽히고 설켜서, 마음과 마음이 부딪쳐 그에게는 참을 수 없는 고통이 되었다. 그뿐 아니라 그 여자의 곁으로 가보고 싶은 마음이 절실해져서, 심지어 개 모양으로라도, 그 여자의 방문 앞에 엎드리든지, 거지 모양으로 그 창문 밑에서 보기라도 했으면 하였다.

소년은 어두운 나무 그림자에서 용기 없이 걸어나왔다. 이층의 그 여자 방에는 아직도 불빛이 빛나고 있는 것을 보았다. 그것은 미약한 광선으로서, 누르스름한 그 불빛은 간신히 은행나무의 널따란 잎사귀를 비칠 정도였는데, 그 나무는 손과 같은 가지들을 내뻗어 유리창을 똑똑 두드리듯이 그 여자의 창문 곁에 바짝 서 있었다. 그리고 부드러운 훈풍에 나부껴서 마치 반짝이는 조그만 창문 앞에 엿듣는 시커먼 거인(巨人)처럼 보였다. 이 반짝이는 유리창 속에 말고트가 잠들지 않고 깨어 있다는 생각, 아마 아직도 눈물을 흘리고 자기를 생각하고 있으리라는 생각은 소년의 마음을 들뜨게 하여, 비틀거리며 나무기둥에 몸을 의지하게 하였다.

 소년은 홀린 듯이 위를 쳐다보고 멍하니 서 있었다. 어두컴컴한 장소에서 바람에 흔들리며 하얀 방장(房帳)이 팔랑거렸다. 때로는 방 안의 따뜻한 등불에 비치어 오렌지 빛깔로 보였으며, 때로는 널따란 잎사귀들을 통해서 떨리는 달빛에 반사되어 은빛으로 빛나기도 하였다. 방 안으로 향한 유리창 위에는 명암(明暗)의 활발한 흐름이 밝은 반사의 어설픈 직물처럼 반영되었다. 그러나 뜨거운 눈동자를 치켜뜬 그 열병환자는 이렇게 어두운 그늘에서 유리창을 쳐다보며, 그 밝은 유리창 위에 아로새겨진 것은 사건을 암시하는 루네 문자(수수께끼 같은 문자)라고 느꼈다. 흘러가는 그림자, 가느다란 연기 모양으로 반짝이는 유리창 위를 스쳐가는 은빛의 광채, 그 순간적인 광경은 그의 환상을 가득 채워서 마침내 가지각색의 자태가 눈앞에 떠오르게 되었다.—그는 말고트의 모습을 머릿속에 그린 것이다. 후리후리하고 아름다운 체격, 금발의 멋있는 머리, 그 머리를 풀어헤치고, 자기 자신의 불안과 울분을 내포하고, 방안을 이리저리 왔다갔다하는 모습, 정열에 들떠서 노여움과 우울함에 흐느껴 우는 모습, 소년은 마치 유리창을 통해서 들여다보는 것처럼 그 높은 건물의 벽을 통해서, 그 여자의 일거일동을 보는 것 같았다. 팔을 든다든지, 안락의자에 몸을 가라앉힌다든지, 말없이 절망의 눈동자를 별이 밝은 하늘에 던진다든지, 하는 조그마한 행동까지 명료하게 보는 것이었다. 심지어 유리창이 잠시 밝게 빛났을 때는, 불안이 감도는 여자의 얼굴이 자기를 찾아서 잠든 정원을 내려다보는 것같이 보이기조차 하였다. 그때 소년의 거친 감정이 한 번에 몰려들어서 나지막한 소리로, 그러나 절실하게 여자의 이름을 부르지 않을 수 없었던 것이다.

"말고트… 말고트!"

하면서.

그러자 반짝이는 유리창 위에 베일 모양으로 하얀 그림자가 스쳤는데, '그것이 무엇이었을까.' 확실히 소년은 그것을 본 것 같았다. 솔깃하고 귀를 기울였다. 그러나 다시는 아무것도 움직이는 것이 없었다. 뒤에서는 잠든 나무들이 가늘게 숨소리를 내는 것 같았고, 풀 사이에서는 미지근한 바람에 미약한 속삭임이 들려왔으며, 멀리서 가까이서 살랑거리는 따뜻한 파도처럼, 커졌다 작아졌다 하는 것이었다. 밤의 숨소리는 어디까지나 고요하였으며, 창문은 색바랜 그림을 담은 은빛의 사진들 모양 묵묵하였다. 말고트는 자기의 소리를 듣지 않은 것일까? 그렇지 않으면 자기의 말을 들어 주려고 하지 않은 것일까?

떨리는 창의 광채는 그를 아주 혼란하게 만들었다. 그의 심장은 가슴속으로부터 모든 그리움을 발산하고 그것이 너무나 강렬한 정열이 되어서 기대고 있는 나무껍질이 떨리어 흔들릴 지경이었다. 그는 지금이야말로 그 여자를 꼭 만나서 이야기를 하지 않으면 안 되겠다고 생각하면서도, 지금 이름을 부른다면 다른 사람들이 잠을 깨어 뛰어나올 것이라고 그것만이 걱정이었다. 무슨 짓이라도 하지 않을 수 없는 느낌이었고, 꿈속에서처럼 모든 일이 쉽게 성취되어서, 어떠한 비현실적인 행동도 가능할 것 같았다. 그가 시선을 다시 한 번 창 있는 데로 돌렸을 때에, 돌연 그는 기대고 있는 나무가 가지를 뻗어서 마치 길라잡이처럼 창으로 향해 있는 것을 발견하였다. 그는 대뜸 나무기둥을 부둥켜 안았다. 그에게는 갑자기 모든 것이 명백해졌다.

'저 위로 올라가야겠다.'

나무기둥은 퍽 넓었으나 만져 보니 보드랍고 만만하였다.

'저 위에 올라가서 이름을 불러 봐야지, 그 여자의 창

문에서는 한 자도 안 되는 거리니까.'
하고 생각하며, 그는 그 위에서 그 여자와 가까이 이야기를 하고 그 여자가 자기를 받아 주기 전에는 결코 나무에서 내려오지 않으리라고 결심하였다. 소년은 더 이상 우물쭈물하지 않았다. 매혹되어서 창문만을 쳐다보았다. 그것은 희미하게 빛났다. 자기 곁에, 나무기둥이 있는 것을 느꼈다. 든든하고 널따란 것이, 몸을 실을 만하였다. 한두 번 매달려 보고, 한 번 흔들어, 위의 가지에 매달린다. 두 손으로 매달린 가지를 힘껏 잡아당기니 몸이 가지 위로 올라선다. 그리하여 꼭대기가지 올라가게 되었다. 제일 끝의 가는 가지에 올라섰을 때, 발 밑에서 나무가 흔들려 무섭게 출렁거렸다. 파도 모양으로 흔들거리는 소리가 잎사귀마다 전하고, 앞으로 휘어진 가지는 더 한층 창으로 기울어져서 강하게 문을 두드리는 것이었다. 마치 아무것도 모르고 있는 그 여자에게 경고라도 해주는 것처럼. 기어 올라가는 소년에게는 그러나 벌써 그 방의 하얀 천장과 중앙에 켜진 전등의 누르스름한 테두리가 보였다. 그래서 그의 마음은 흥분에 떨리며, 다음 순간에는 그 여자의 모습을—울고 있거나 조용히 흐느끼거나 그렇지 않으면 노골적인 육체의 욕망에 사로잡힌 그 모습 자체를 볼 것으로 생각하였다. 그의 팔은 뻐근하였다. 그러나 다시 한 번 힘을 내서, 천천히 그 여자의 창문으로 향해 있는 가지를 따라 미끄러져 내려갔다. 무릎이 스쳐서 피가 약간 흘렀으며, 손에도 상처를 입었다. 그러나 그는 계속해서 전진하여, 벌써 창문 앞의 광선에 비추어질 정도로 접근하였다. 그러나 눈앞에는 축 처진 잎사귀들의 숲이 있어서 보고자 원한 최후의 광경을 가리고 있었다. 그래서 그 방해물을 옆으로 밀치려고 손을 들었을 때, 그때에 전깃불이 반짝하고 눈을 쏘았다. 고개를 숙이고 몸을 떨었던 순간—중심을 잃고 그의 육체는 뒤뚱하더니, 그만 아찔하며 밑으로 굴러 떨어지고 말았다.

무거운 과실이 떨어진 것처럼, 나지막하나 쿵 하는 타격이 잔디 위에 울렸다. 이층 창에서 여자의 모습이 나타나, 상체를 구부리고 불안한 듯이 내려다보았으나, 어둠은 그대로 고요하기만 하고 움직임이 없어서, 마치 물에 빠진 사람을 삼켜 버린 연못과도 같았다. 그후에 곧 이층의 등불은 꺼지고, 정원은 또다시 아주 희미한 미광으로 소리 없는 그림자를 띄우는 것이었다. 정신을 잃었던 소년은 2,3분 후에 눈을 떴다. 잠시 이상한 듯 하늘을 쳐다보니, 창공에는 몇 개의 별들이 차갑게 자기를 내려다보는 것이다. 그때에 그는 오른쪽 발이 갑자기 결리는 듯이 무섭게 아픈 것을 느끼고 무의식중에 조금 움직여 보았다. 큰 소리로 고통의 부르짖음을 내지르지 않을 수 없는 아픔을 느꼈다. 그 순간 그는 사태가 어떻게 된 것인가를 깨달았다. 동시에 여기 말고트의 창문 바로 밑에 그대로 누워 있을 처지가 아니라는 것, 구원을 청할 수도 없고, 누구를 부른다든지, 소리를 내서 마구 움직인다든지 할 처지가 아니라는 것을 깨달았다. 이마에서는 피가 뚝뚝 떨어졌다. 잔디 위의 자갈이나, 또는 나무토막에 부딪쳤음에 틀림없다. 소년은 손으로 그것을 씻어내고 피가 눈으로 흘러들지 않을 정도로 해놓았다. 그리고 나서 그는 왼쪽을 밑으로 하여 손가락으로 땅을 깊이 휘젓으며 간신히 조금씩 앞으로 전진하였다. 다친 다리가 어디든지 부딪치거나, 또는 그냥 흔들리기만 하여도 어찌나 아픈지 또다시 기절할 것 같기만 하다. 그럼에도 그는 계속해서 천천히 기어갔다. 거의 반 시간이나 걸려서 계단 밑에 이르렀을 때는, 벌써 팔도 감각이 없어질 지경이었다. 차가운 식은땀이 이마에 솟아서 쏟아져 나온 피와 한데 섞였는데, 최후의 난관은 아직도 넘지 못하고 있는 것이다. 계단, 그 계단을 격심한 고통을 무릅쓰고 천천히 기어 올라가야 하는 것이다. 간신히 이층에 도달하여 떨리는 손으로 난간을 붙잡을 때에 그의 숨은 무의식적으로 허덕허덕하였다. 한두 발자국 유희실의 문을 향하여 기어갔을 때, 사람들의 소리가 나고 등불이 비치는 것을 보았다. 문의 손잡이를 붙들고 몸을 일으켰을 찰나 갑자기 그는 안으로 열리는 문에 매달려서 밝게 불이 켜진 방 안으로 내던져지고 말았다.

 피투성이 얼굴에다가 흙덩어리가 마구 떨어지며, 철

썩하고 바닥에 쓰러지면서 방 안으로 들어왔을 때는 그 모습이 아마 대단하였던 모양이다. 신사들이 모두 벌떡 일어서서 의자를 넘어뜨리며, 소년을 부축하려고 달려왔다. 조심스럽게 안락의자에 운반되어 갔을 때에 그는 불명료한 발음으로 그들에게, 공원에 가려고 나가다가 계단에서 떨어졌다고 간신히 말했다. 그러자 갑자기 새까만 막이 눈앞에 가리워지고 이리저리 흔들리는 것같이 느껴지더니 나중에는 자기 몸을 싸는 듯한 기분이 되고 의식이 사라져서 아무것도 알 수가 없게 되었다.

말의 안장이 준비되고, 즉시 가까운 의사를 부르러 한 사람이 출발하였다. 놀라움에 긴장된 저택은 무시무시하게 활기를 띠었다. 낭하에는 개똥벌레 모양의 불들이 얼씬거렸다. 문틈에서는 소곤소곤 서로들 병세를 문답하는 소리가 들려오고, 하인들은 발소리를 죽이고 졸리운 눈을 꿈벅꿈벅해가며 왔다갔다하였다. 마침내 사람들은 의식을 잃은 소년을 자기 방으로 운반하여 갔다.

의사의 진단 결과 한쪽 다리의 골절이라고 판명하고, 무슨 위험은 없다고 사람들을 안심시켰다. 다만 환자는 상당히 긴 기간 움직이지 않고 붕대에 감겨서 누워 있어야 한다는 것이었다. 소년에게 그와 같은 사실을 말하였을 때 그는 그냥 약하게 미소를 띠웠을 뿐, 별로 심하게 실망하지는 않았다. 이유는 혼자서 오래도록 누워 있는 것이 그리 나쁘지 않았던 까닭이다. 떠들썩하는 사람들로부터는 격리되어서, 밝고 높다란 방 속에 나무들이 살랑살랑 가지 끝을 흔들거리는 소리를 들으며, 사랑하는 사람의 꿈을 안고 있을 수 있기 때문이었다. 모든 일을 조용히 상상하고 한 여자의 덧없는 꿈을 쫓으며, 모든 의무와 행위를 벗어나서, 잠시 눈을 감기만 하면 금방 침대 곁에 나타나는 귀여운 꿈의 모습과 단둘이서 친밀하게 이야기를 주고받을 수 있는 것은, 더없이 감미로운 기분이었다. 사랑 자체도 이와 같이 흐뭇한 황혼의 꿈에 비해, 아마 더 이상 조용하고 아름다운 순간을 가질 수 없을 것 같았다.

처음 2, 3일 동안은 고통이 격심하게 남아 있었지만 동시에 그에게는 말할 수 없는 즐거움이 섞여 있었다. 사랑하는 말고트 때문에 그 고통을 겪는 것이라는 생각이, 하나의 커다란 낭만적인, 그리고 거의 넘쳐 흐르는 듯한 만족감을 주었다. 그는 심지어 상처를 바라기까지 하였다. 그것은 마치 옛날의 기사들이, 사랑하는 부인이 좋아하는 색채를 살에 새기며 다니는 것처럼 자기 얼굴에 검붉은 피를 내보이며 다니고 싶다고 생각할 정도였다. 그렇지 않으면, 차라리 영영 잠깨지 말고, 그 여자의 창 밑에 나가떨어져, 박살이 나서 늘어져 있었더라면 얼마나 좋았을까! 그리하여 그는 계속해서 꿈을 꾸는 것이었다. 다음날 아침에 그 여자는 자기 창 밑에서 떠들썩하고, 서로 부르는 소리에 잠을 깰 것이 아닌가. 그리하여 호기심에 가득 차서 자기 창 밑에, 자기 때문에 죽은 소년의 시체를 내려다볼 것이 아닌가. 소년은 그렇게 상상하며, 그 여자가 외마디 소리를 지르고 졸도하는 광경을 눈앞에 그려 보는 것이었다. 그는 귀에 쨍하는 여자의 부르짖음까지 들리는 것 같았고, 심지어는 여자의 절망, 여자의 슬퍼하는 모습도 눈앞에 보였다. 그리고 여자는 한평생을 마음 상하며, 새까만 상복을 입고, 우울하고 진지한 모습으로 돌아다니며, 사람들이 그 여자의 고통을 물어 보면, 항상 입 가장자리에 약간의 경련을 띠게 될 것이다.

그는 하루 종일, 그와 같은 꿈 속에서 지내고 있었다. 처음에는 어두운 때에만 나타나던 꿈이, 차츰 밝은 날, 뜬눈으로 있을 때에도 떠오르고, 마침내 사랑하는 사람의 자태를 회상하는 기쁨에 몰두하게 되었다. 이제는, 너무나 밝고 너무나 시끄러워도 그 여자의 모습이 나타나지 못하는 때는 전혀 없었다. 벽 위에 하얀 그림자처럼 그 여자의 모습이 나타나서는 자기에게로 달려오는 것이었고, 방문 밖에서 들려오는 그 여자의 목소리는 나무 잎사귀들의 살랑거리는 소리나 눈부신 햇볕 아래 자갈 소리가 들리는 가운데서라도 명백하게 구별할 수 있었다. 그는 그와 함께 몇 시간이고 단둘이서 이야기를 하고, 때로는 그 여자와 더불어 여행을 한다든지, 멋진 항해를 한다든지 하는 꿈을 꾸었다. 그러나 때때로는 그와 같은 꿈에서 미친 듯이 깨어나 생각에 잠기는 수도 있었다. 그 여자가 정말로 자기를 위해서 슬퍼해 줄 것인가? 도대체 그 여자가 자기를 생각해 주기라도 할 것인가 하고….

물론 말고트는 여러 번 병문안을 왔다. 가끔 그가 머릿속에서 그 여자와 이야기하고, 그 여자의 명랑한 모습이 눈앞에 서 있는 것처럼 생각할 때 문이 쑥 열리고, 장신(長身)의 날씬하고 아름다운 그 자신이 방안으로 들어오는 것이었다. 그러나 그 사람은 꿈 속에 있는 여자와는 딴판이었다. 그와 같이 상냥하지도 않고, 몸을 구부려서 이마에 키스를 해주는 것도 아니었다. 꿈 속에 있는 말고트와는 달리 곁의 긴의자 위에 걸터앉아서 병세가 어떠한가, 고통이 심한가, 하고 물어 볼 뿐이었고, 이것저것 한두 마디 이야기를 해줄 뿐이었다. 소년은 그럴 때는 항상 그 여자가 자기 곁에 있다는 이유만으로 당황하며, 달콤한 놀라움에 빠져서 얼굴조차 쳐다볼 겨를이 없었다. 때로는 그는 눈을 감고서 여자의 목소리를 더 잘 들어, 그 말하는 음향을 더 깊이 빨아들였는데, 그 비길 데 없는 음악은 여자가 나간 다음에도 몇 시간이고 쟁쟁하게 귓전에 떠도는 것이었다. 그는 대답하기를 퍽 꺼려하였다. 그것은 그가 그 여자의 숨소리를 듣고, 이 우주의 공간 속에 단 둘이 존재한다는 기쁨을 마음속 깊이 느끼어서, 그 침묵을 무한히 즐기기 때문인 것이다. 그리고 여자가 일어서서, 문 있는 쪽을 향할 때에, 심한 고통을 참으면서라도 몸을 일으켜 세워, 그 여자가 또다시 자기의 꿈속에서 불확실한 현실 속으로 떨어지기 전에, 다시 한 번 그 여자의 움직이는 자태의 모든 선을 하나하나 머릿 속에 기억해 넣고, 다시 한 번 그 여자를 살아 있는 모습으로 파악하여 두기 위한 것이었다.

거의 매일같이 말고트는 병문안을 하러 왔다. 그러나 병문안은 키티도, 작은 엘리자베스도 왔다. 더구나 어린 엘리자베스는 아주 놀란 표정으로 쳐다보며 온화하고 근심스러운 목소리로,

"조금도 낫지 않으세요?"

하고 물어 보는 것이었다. 자기의 누나도 매일 찾아와 주었으며, 다른 부인들도 모두 마음속으로부터 자기를 도와주지 않았는가? 그들은 자기 옆에 머물러서 여러 가지 이야기를 해주었던 것이 아닌가? 오히려 그들은 너무 오래 자기 곁에서 머물렀다. 그들은 옆에 있음으로써 자기가 좋아하는 꿈을 꾸는 것을 방해하고, 사랑하는 사람을 고요히 생각하고 있는 적막을 깨뜨리고, 쓸데없는 이야기와 어리석은 말들로 그것을 몰아내 버렸다. 소년은 어느 누구도 와주지 않았으면 하고 생각했다. 다만 말고트가 오기만을 기다렸다. 그것도 단 한 시간, 아니 단 몇 분 간으로도 충분하였다. 그 다음에는 다시 홀로

머물러서 아무한테도 방해를 받지 않고, 한 곳으로 꿈을 쫓아서, 부드러운 구름에 둥실둥실 떠가는 것처럼 애정의 사랑스러운 정경 속에 가라앉아 아늑한 기쁨에 빠지고자 한 것이다.

 그래서 누군가가 문의 손잡이를 잡는 소리를 들으면, 가끔 그는 눈을 감고 잠자는 체하였다. 그러면 병문안을 하러 왔던 사람은 발소리를 죽이고, 발끝으로 걸어나가 버리는 것이다. 문이 닫히는 소리가 조심스럽게 들려오면, 또다시 자기의 꿈속의 즐거운 물결에 몸을 맡기고 그 부드러운 파도를 타고 매혹적인 먼 나라로 운반되어 가는 것이었다.

 그리고 언젠가는 이러한 일이 있었다. 말고트가 잠시 그 방에 와 있다가 곧 나가 버렸는데, 그 짧은 동안에 머리카락에 묻혀 온 정원의 향기를 그에게 풍겨 주고 간 것이다. 지금 한창 피어오르는 재스민의 진한 향기와, 눈동자 속에서 반짝이는 뜨거운 8월의 태양까지도 전해 주고 간 것이다. 그래서 그는 그 이상 그리운 사람이 다시 오기를 기다리지 않고 있었다. 모든 사람이 말을 타고 멀리 놀러 나갔으니 이제는 아무에게도 방해받지 않고 밝고 긴 오후 동안을 내내 달콤한 꿈 속에서 지내리라고 생각한 것이다. 그래서 문고리가 살그머니 움직였을 때는 두 눈을 감고, 잠자는 체하였다. 그러나 들어온 사람은—그 기색은 아주 조용한 방 안에서 명백히 들을 수 있었다—다시 나가는 것이 아니었다. 소리없이 문을 닫고는, 그가 잠을 깨지 않도록 조심조심 발을 끌며, 자기에게로 다가온 것이다. 소년은 아주 가냘픈, 옷자락이 끌리는 소리를 들었다. 그리고 그 여자가 자기 침대 곁에 앉는 것을 알았다. 그는 감은 눈을 통해서 여자의 눈초리가 자기 자신의 얼굴 위에 불그스름하게 불타는 듯이 스치는 것을 느꼈다.

소년의 가슴은 불안하게 두근거리기 시작하였다. 말고트가 온 것일까? 그럼에 틀림없다. 그는 그렇게 느꼈다. 달콤하고 걷잡을 수 없고, 들뜨는, 남모르는 정력적인 매력이었다.—눈을 뜨지 않고, 그 여자를 자기 곁에 그대로 느끼기만 하는 것은. 그 여자는 대체 무엇을 하려는 것일까? 1초가 한없이 긴 것처럼 생각되었다. 여자는 계속해서 그를 바라다보기만 하고 잠자는 것을 주시할 뿐이 아닌가! 불안하고 그러면서도 황홀한 감정이 소년의 피부의 털구멍 하나하나를 전기로써 찌르는 것 같은 감각을 일으켰다. 아무 방비 없이 맹목적으로 그 여자의 관찰에 내맡겨져 있다고 느끼는 것과, 그리고 지금 눈을 뜨기만 하면 자기의 눈으로 말고트의 놀라는 얼굴을 사랑스러운 매력 속에서 망토 모양으로 둘러싸 줄 것이라는 생각이 그와 같이 피부를 찌르는 듯하는 감각을 일으킨 것이다. 그러나 소년은 그대로 움직이지 않았다. 숨막히는 가슴의 불안에 흔들리는 호흡 소리를 억지로 누르고, 그대로 기다리고 또 기다릴 뿐이다.

그러나 아무 일도 일어나지 않았다. 다만 여자가 한층 더 깊이 몸을 구부린 것 같았다. 그래서 일찍이 그의 입술로부터 맛보았던 라일락의 향기를 한층 더 얼굴 가까이서 미약하게 느낀 것같이 생각하였다. 그러자 갑자기 뜨거운 파도 모양으로 피가 전신으로 쏟아지는 것 같은 감각을 받았는데, 그것은 여자가 손을 침대 위에 올려놓고 살며시 이불 위에서 자기의 팔을 쓰다듬었기 때문이다. 조용하고 지극히 조심스러운 쓰다듬이었다. 그는 한층 더 전기에 닿은 것처럼 흥분하고, 피는 점점 거칠게 거꾸로 흐르는 것을 느꼈다. 흐뭇한 사랑스러움과 꿈과 같은 황홀경, 그리고 동시에 찌르는 듯한 감각은 무어라 말할 수 없는 이상한 느낌이었다.

천천히, 거의 율동적으로 여자의 손은 그의 팔을 계속해서 쓰다듬었다. 그때 그는 몰래 실눈을 치켜 떠서 보았다. 처음에는 불그스름한 빛이 흔들거리는 구름 모양 희미하였으나 잠시 후에 자기 몸을 덮고 있는 꺼뭇꺼뭇한 얼룩무늬의 이불을 볼 수가 있었다. 그러자 멀리서라도 오는 것같이, 쓰다듬는 손이 보였다. 그러나 그것은 아주 희미하게, 다만 하나의 하얗고 가느다란 불빛이, 마치 밝은 구름이 나타났다가는 사라지는 것같이 보일 뿐이었다. 소년은 조금씩 눈을 넓게 떠보았다. 이번에는 도자기처럼 하얗게 빛나는 손가락을 볼 수 있었고, 그것이 보드라운 곡선을 그리며 앞으로 스쳐 갔다가는 다시 머뭇거리듯이, 그러나 내적인 생기를 가득 채우며 되돌아오는 것을 볼 수 있었다. 촉각(觸覺)처럼 그것은 다가와서는 다시 되돌아갔다. 그는 그 순간 그것이 무엇인가 하나의 특별한 샘물처럼 느껴졌다. 사람의 옷에 몸을 문지르는 '고양이' 같았다. 아주 조그맣고 하얀 고양이, 손톱을 쏙 집어넣고, 기쁘다는 듯이 킹킹거리며, 사람에게 달라붙는 고양이 같았다. 그래서 갑자기 그 눈이 반짝하기 시작하였을 때에도 놀라지 않았다. 참말로 쓰다듬으며 지나가는 하얀 물체에서는 빛나는 눈동자가 보이지 않는가? 아니다. 그것은 무슨 금속의 광채일 뿐이다. 그것은 빛나는 황금의 미광이었다. 그러나 그 다음 순간 손이 다시 앞으로 쓰다듬어 올라갔을 때는 그것을 똑똑히 볼 수가 있었다. 그것은 '메달'이었다. 팔찌에 매달려 있는 그 신비스러운 팔각형의 메달―수수께끼 같은, 동전 크기의 메달이었다. 이제 알고 보니, 자기의 팔을 쓰다듬어 주는 것은 말고트의 손이었다. 소년의 몸속에서 불현듯 그 가냘프고 하얀 맨손, 반지도 끼지 않은 그 손을 자기 입술에 끌어 잡아당겨 키스를 하고 싶은 충동이 솟아올랐다. 그러나 그 순간 여자의 숨소리를 느끼고 말고트의 얼굴이 바로 자기 얼굴 곁에 있는 것을 알았을 때, 그는 더 이상 눈꺼풀을 누르고 있을 수가 없어서 행복감 속에서 불꽃을 튀기듯, 눈을 반짝 떴다. 그리고 가까이 다가오는 얼굴을 쳐다본 순간, 그는 놀라며 얼굴을 들고 주춤하며 뒤로 물러섰다.

구부리고 있던 얼굴의 그림자가 흩어지고, 밝은 광선이 흥분된 표정 위에 깃들었을 때에, 그는 그 얼굴이—그때 소년의 사지(四肢)는 한 대 얻어맞은 것처럼 꿈틀하였다—말고트의 동생 엘리자베스인 것을 알아본 것이다. 뜻하지 않았던 어린 엘리자베스! 이것이 꿈이었을까? 아니다. 부끄러움에 상기되어 눈을 머뭇머뭇 회피하는 그 얼굴을 응시하니, 그것은 분명히 엘리자베스가 틀림없었다. 소년은 즉시 무서운 착각을 일으키고 있었음을 깨달았다. 그의 시선은 탐욕스럽게 그 여자의 손을 노려보았다. 거기에는 또한 분명히 메달이 달려 있지 않은가?

그의 눈앞에서는 베일들이 빙글빙글 돌기 시작하였다. 지난날 졸도하여 쓰러지던 때와 똑같은 기분이 되었다. 그는 이를 꼭 깨물고 정신을 잃지 않으려고 힘을 줬다. 모든 것이 번개처럼 눈앞을 스쳐가고, 1초 동안에 압축되어—그때의 놀라움, 말고트의 교만, 엘리자베스의 미소, 그리고 말없는 손처럼 그의 마음을 흔들어 놓은, 그 이상한 눈초리—그 모든 것이 한꺼번에 떠올랐다. 아니다, 아니다, 이제는 아무런 착각이 있을 수 없다.

그때 단 하나의 가느다란 희망이 마음속에 떠올랐다. 그는 메달을 응시하는 동안에 혹시나 말고트가 그것을 오늘이나 어제 사이에 또는 그 당시에 동생한테 준 것이 아닌가 하고 생각한 것이다.

그러나 그때 벌써 엘리자베스는 그에게 말을 걸었다. 그의 열중한 생각이 그의 표정을 일그러뜨렸던 모양이다. 그 여자는 근심스레 물어보는 것이다.

"어디가 많이 아파요, 보프?"

그들 형제의 목소리가 어쩌면 그렇게 비슷할까 하고 그는 생각하였다. 그래서 아무 생각 없이 대답하였다.

"그래, 그래… 그렇지만 별로 심하지는 않아요. …이제는 많이 나았으니까요!"

다시 조용해졌다.

'저것은 아마 말고트가 동생한테 준 것이겠지.' 하는 생각이 뜨거운 물결처럼 자꾸만 되풀이해서 달려들었다. 그러면서도 한편으로는 그럴 리가 없다는 것을 알고 있었다. 그러나 결국 묻지 않을 수는 없었다.

"거기 가지고 있는 메달은 대체 무엇이에요?"

"아, 이것 말이에요? 미국 동전이랍니다. 자세한 것은 몰라도 언젠가 로베르트 아저씨한테서 우리가 받은 거예요."

"우리라니?"

그는 숨을 죽였다. 이제 그 여자는 말을 할 것이다.

"말고트하고 나하고요. 키티는 안 갖겠다고 했어요. 왜 그랬는지 나는 모르겠어요."

소년은 두 눈에 축축한 것이 끓어오르는 것을 느꼈다. 그는 조심스럽게 얼굴을 돌려서, 눈꺼풀 곁에까지 흘러나왔을, 그 눈물을 엘리자베스에게 보이지 않으려고 하였다. 그러나 이제는 그 눈물을 참을 수가 없었고, 할 수 없이 천천히 뺨 위를 흘러가게 놔두었다. 무슨 말인가 하고 싶었으나 점점 커가는 흐느낌에 눌려서 목소리가 울음소리로 되는 것이 두려웠다. 두 사람은 말없이 서로 상대방을 불안하게 엿들으며 있었다. 그러자 엘리자베스가 자리에서 일어서면서 말하는 것이었다.
 "나는 이제 가겠어요. 보프! 속히 나으세요, 네!"
 그는 조용히 눈을 감았다. 문이 자그맣게 소리를 내며 닫혔다.
 놀란 비둘기떼처럼 가지각색의 생각이 활개치며 마음 속으로 날아왔다. 이제 비로소 오해의 무서움을 깨달았다. 자기의 어리석음에 대한 부끄러움과 불쾌감이 그를 사로잡은 것이다. 그러나 그것은 동시에 심한 고통이었다. 그는 이제 영원히 말고트를 잃어버린 것을 알았다. 그러나 자기 스스로는 변함없이 그 여자를 그리워할 것을—아마도 이제부터는 그것이 이룰 수 없는 절망적인 동경으로 변할 것을 느꼈다. 그리고 엘리자베스는—소년은 자기 머리에 떠오르는 그 여자, 엘리자베스의 모습을 화가 난다는 듯이 떨어 버리는 것이었다. 자기에 대한 그 여자의 모든 정성과, 지금에 이르러서도 변치 않는 그 여자의 정열의 억눌린 불꽃도, 이제는 말고트의 가벼운 미소만큼도 못하게 느껴졌기 때문이며, 자기를 한 번 살짝 건드려 주는 말고트의 가벼운 손의 접촉에도 비길 바가 아니었기 때문이다. 그 당시 최초에 엘리자베스가 나타났더라면, 그는 그 여자를 사랑했을는지도 모른다. 왜냐하면 그때에는 아직 소년의 정열이 굳어 버리지 않았기 때문이다. 그러나 지금에 와서는 말고트의 이름이 수천의 꿈이 되어서 소년의 마음속 깊이 파고들어, 이제는 자기의 생활로부터 그것을 뽑아 없앨 수는 도저히 없는 상태가 된 것이다.

눈앞이 캄캄해지고 끊임없는 생각이 차츰 눈물에 젖어 감도는 것을 그는 느꼈다. 병상에 누워 있었던 지나간 여러 날 동안과 같이, 기나긴 고독한 시간을 말고트의 자태를 눈앞에 그리며 지내고자 하였지만 되지가 않았다. 자꾸만 무슨 그림자처럼 엘리자베스의 모습이 동경에 찬 깊은 눈초리와 더불어 말고트의 모습과 합쳐져서 모든 것이 혼동되고 뒤섞여졌다. 그래서 그는 또다시 깊은 고통 속에서 모든 경과를 되씹어보지 않을 수 없는 것이었다. 그리고 그 당시, 말고트의 창 밑에 서서 그 여자의 이름을 부르던 것을 생각하면 깊은 수치심을 느꼈고, 그 조용한 금발의 엘리자베스에 대하여서는 동정심을 참지 못하였다. 그 여자에게는 줄곧 한 마디의 말도, 한 번의 눈길도 던져 보지 못하였지만, 사실은 그 여자에게, 그의 감사가 불꽃처럼 타올라야 할 것이 아니었을까!

다음 날 아침 말고트는 잠시 그의 침대 곁으로 왔었다. 그 여자가 가까이 있으니까 소년은 몸이 떨리고 얼굴을 쳐다볼 수도 없었다. 자기에게 무슨 말을 하였을까? 그는 아무 말도 들리지가 않았다. 뒤통수에서 욱신욱신하는 잡음이 여자의 소리보다 더 컸던 까닭이다. 그 여자가 자기의 곁을 떠나고서야 비로소 그는 그 여자의 모습을 동경에 찬 시선으로 잡으려 하였다. 그는 지금만큼 그 여자를 사랑한 적은 과거에도 없었다고 느꼈다.

오후에는 엘리자베스가 왔다. 손에는 다정스러운 기색을 띠고 몇 번이고 그의 손을 스쳤다. 말소리도 대단히 가느다랗으며 약간 떠듬거렸다. 그 여자는 마음의 비밀이 폭로될까 봐 두려워하는 것같이 일종의 근심을 띠고 자기 자신과 소년에 대하여 별로 중요하지도 않은 이야기를 하였다. 소년은 자기가 엘리자베스에 대해서 어떠한 감정을 가지고 있는지 스스로 잘 몰랐다. 마음속으로 소년이 느낀 것은, 때로는 그 여자의 사랑에 대한 동정심이었으며, 때로는 그것에 대한 감사였다. 그러나 그 여자에게는 마음속을 아무것도 이야기할 수 없었다. 그는 여자를 속이게 될 것을 두려워하여, 감히 얼굴을 들고 쳐다보지도 못한 것이다.

그후 엘리자베스는 매일같이 찾아왔으며, 와서는 더

오래도록 머무르는 것이었다.
 두 사람 사이의 비밀이 명백해진 그 이후로는, 불안정한 기분도 사라져 버린 것같이 생각되었으나, 두 사람은 좀체로 지난날 암흑 속 정원에서의 그 시간에 대해서는 한 마디도 이야기를 안했다.
 언젠가 엘리자베스는 또다시 침상 곁의 그 의자 위에 앉아 있었다. 밖에는 밝은 태양이 빛나고, 바람에 나부끼는 나무 끝의 푸른 반사가 벽에 흔들리고 있었다.
 그와 같은 순간에 엘리자베스의 머리카락은 저녁놀에 불타는 구름같이 보였으며, 살색은 하얗게 비쳐 보일 듯하였고, 몸 전체가 어딘지 빛나고 사뿐사뿐한 인상을 주었다. 그늘 속에 위치하고 있는 그의 침대에서 쳐다보면, 광선이 거기까지 도달하지 못하는 빛으로 조명된 때문인지, 여자의 얼굴은 가까이서 미소를 짓는 것 같게도 보이며, 동시에 아주 먼데에서 있는 것같이 어렴풋이 보이기도 했다. 멍하니 쳐다보고 있다가 그는 어느덧 모든 사건을 잊어버렸다. 여자가 소년을 향하여 몸을 구부렸을 때, 눈은 한층 더 깊숙해 보였으며, 까만 나선형이 안으로 조여드는 것같이 느껴졌다. 소년은 팔로 여자의 몸을 껴안고, 얼굴을 자기에게로 잡아당겨, 그 여자의 좁고 촉촉한 입술에 키스하였다. 여자는 대단히 몸을 떨었으나 반항하지는 않았다. 약간 수심에 젖은 듯이 살그머니 손으로 남자의 머리를 쓰다듬어 주었다. 그리고 나서 한숨을 길게 쉬고 애정에 찬 슬픈 목소리로 말하였다.

"그러나 당신은 말고트만을 사랑하고 계신걸요."

그 여자의 힘없는 말투가 그의 가슴을 찔렀다. 가냘프고, 반항도 못하는 절망스런 말투였다. 동시에 말고트의 이름이 그의 마음을 대단히 흔들어 놓는 것이었다. 그러나 이 순간에 도저히 거짓말을 할 수는 없었다. 소년은 아무 말도 안했다.

엘리자베스는 다시 한 번 그의 입술에 남매간처럼 살짝 키스하고 말없이 밖으로 나가 버렸다.

그들이 애정에 대하여 이야기한 것은 그때 한 번뿐이었다. 2, 3일 후에는 벌써 회복되어 가는 그를 사람들이 부축해서 정원에 내려보냈고, 길 위에는 벌써 물이 든 잎사귀들이 휘날리고, 일찍 어두워지는 황혼은 어느새 가을의 멜랑콜리를 회상시켰다. 그후 또 며칠이 지난 때에, 그는 혼자서 정원에 나가, 애써서 나무 사이의 단풍 밑을, 금년의 마지막으로 산보하였다. 지나간 사흘 동안의 훗훗한 여름 저녁과는 달리, 지금은 나뭇가지를 흔드는 바람 소리가, 한층 시끄럽고 거칠었다. 우울한 기분으로 소년은 그 장소로 가보았다. 거기에는 눈에 보이지 않는 시꺼먼 벽이 마련되어 있는 것 같고, 그 뒤에는 자기의 소년 시대가 황혼 속에 몽롱하게 놓여 있으며 그 앞에는 낯선 다른 나라가, 위험스럽게 가로 놓여 있는 것같이 느껴졌다.

 그날 저녁, 소년은 그 집에서 작별인사를 하였다. 그때 그는 다시 한 번 말고트의 얼굴을 차근차근 들여다보았다. 마치 그 얼굴을 일평생 마음속에 아로새겨 간직하여 두려는 듯이. 그리고 따뜻하고 절실하게 꽉 쥐는 엘리자베스의 손을, 불안한 마음으로 홀연히 쥐어 주고, 키티와 친구들과 누나의 얼굴을 슬쩍 지나가며 쳐다보고 나오면서, 그는 하나의 여인을 사랑하면서, 사랑받은 것은 다른 여인으로부터였다는 생각에 가득 차 있었다. 그의 얼굴은 대단히 창백하였으며, 거기에는 어린아이의 것이라고는 볼 수 없는 딱딱한 표정이 떠올라 있었다. 처음으로 그는 어른의 표정이 된 것이었다.

 그러나 이윽고 말이 끌려 나오고, 말고트가 태연스럽게 돌아서서, 계단을 올라가 버리는 것을 바라보고, 한편 엘리자베스의 눈에서는 갑자기 축축한 광채가 어리며, 난간에 몸을 기대는 것을 보았을 때, 소년은 새로운 경험에 마음이 가득 차서, 마치 어린아이처럼, 심하게 눈물이 흐르는 것을 참을 수가 없었다.

 저택의 불빛은 점점 더 멀어지고 마차가 이끌어 올리는 먼지 속에서 컴컴한 정원이 점점 더 작아지고, 경치가 뒤로 물러가는 것을 보았을 때에 마침내 경험한 모든 일은 눈동자 주위로 보이지 않게 되어 사라지고 말았다. 그리하여 그것은 한층 더 절실한, 한 조각의 추억이 되어 버렸다. 두 시간의 마차여행 다음에, 그는 가까운 역에 도착하여, 다음날 아침에는 벌써 런던에 돌아와 있었다.

그후 또 2,3년의 세월이 지나, 그는 이제 소년이 아니었다. 그러나 그의 최초의 체험은 너무나 생생하게 마음 속에 살아 있어서, 다시는 시들어 버릴 수가 없었다. 말고트와 엘리자베스는 둘 다 결혼해 버렸지만, 조금도 만나고 싶지는 않았다. 그는 그때의 추억이 몇 번이고 너무나 강력하게 닥쳐와서, 그 이후의 생활 전체가, 그때의 강력한 인상에 비하면 단지 보잘것없는 꿈이나, 환상인 것처럼 밖에는 안 보였다. 그래서 그는 연애라든가 여자에 대해서는 더 이상 아무런 관심을 갖지 못하는 사람들 중의 하나가 되어 버렸다. 그것은 그가 인생의 한 순간에, 사랑하는 것과 사랑받는 것의 두 가지 감각을, 동시에 함께 합하여 받았기 때문에—불안스럽게 몸을 내받치는 소년의 떨리는 손 위에 너무나 일찍 굴러 들어온 사랑의 열매를 두 번 다시 맛보고자 하는 욕망이 없어져 버렸던 까닭이다. 그는 많은 나라로 여행을 떠났지만, 여자의 얼굴이나 여자의 웃음을 그저 묵묵히 차가운 눈초리로 보고 지나칠 뿐이었다. 그래서 많은 사람들이 인정없는 냉혈인종으로 생각하게 되는, 그 착실하고 냉담한 타입의 영국사람이 된 것이다. 당연한 일이지만 그들의 눈초리에 파고 들어서 떨어지지 않는, 지난날의 영상은 마돈나 상 앞에 비치는 영원한 서광처럼 항상 그 모습을 둘러싸고 불타오르고 있는 혈액 속에 짜여져서, 마음속 깊이 스며들어 있다는 것을 누가 한 사람이라도 알아 줄 수 있을 것인가?

 이제 나는 이 이야기가 어떻게 해서 나에게 전해졌는지, 그 경로를 명백하게 알 수 있게 되었다. 오늘 오후에 읽은 책 속에 하나의 엽서가 끼어 있었는데, 그 엽서는 캐나다에 있는 친구가 보낸 것이었다. 그 친구는 내가 여행 도중에 알게 된 젊은 영국 사람인데, 나는 그 남자와 더불어 가끔 기나긴 밤을 밤새껏 이야기로 보냈으며, 그 이야기 가운데 가끔 먼 곳의 동상처럼, 두 사람의 부인에 대한 추억이 남몰래 빛나고 있었다. 그리고 그것이 그 남자의 청춘의 어느 한 순간과 연속적으로 관련을 맺고 있는 것 같았다. 그와 더불어 이야기를 한 것은, 벌써 오랜 세월이 지난 먼 옛날의 일이었다. 그래서 그때의 이야기를 거의 다 잊어버리고 있었는데, 오늘 이 엽서를 받았을 때 여러 가지 자신의 체험과 뒤섞여서, 꿈과 같이 새삼스레 되살아나 마치 내가 그 이야기를 손에서 놓친 책에서 읽기라도 하였든지, 또는 무슨 꿈속에서 보기라도 하였든지, 하는 기분이 되었던 것이다.

 그런데 방안이 어쩌면 이렇게 컴컴해진 것일까? 그리

하여 당신과 나와의 사이는 어쩌면 이렇게 황혼 속에 멀리 떨어진 것같이 된 것일까! 나는 당신의 얼굴이 있을 듯한 자리에 다만 희끗희끗한 미광이 보일 뿐이고 당신이 미소를 짓고 계신지, 슬픔에 잠겨 계신지조차 알 수가 없습니다. 당신이 미소를 지으신다면, 내가 우연히 알게 된 사람에게 이상한 이야기를 끄집어내서 모든 운명을 꿈꾸고, 또다시 그것을 그들 자신의 생활로, 그들 자신의 세계로 고요히 돌려보낸 것이 우습기 때문일까요? 그렇지 않으면 당신이 슬퍼하시는 것은, 그 소년이 사랑의 곁을 스쳐 지나가, 한 시간 동안에, 달콤한 꿈의 정원에서, 영원히 쫓겨난 것이 불쌍하기 때문일까요? 사실을 말하면 나는 이 이야기가 슬프거나 어둡거나 하기를 원하지 않았습니다. 나는 다만 갑자기 사랑에 마주쳐서, 사랑하는 것과 사랑받는 것을 한꺼번에 경험하게 된 아이의 이야기를 하고 싶었을 뿐입니다. 그러나 저녁때 하는 이야기는 모두가 애수(哀愁)의 좁은 골목으로 접어들기가 쉬우며, 그 위에 황혼이 베일 모양으로 덮어 씌워지면, 저녁때에 깃드는 모든 슬픔과 합치게 되고, 별 없는 하늘 모양 그 슬픔이 그것을 휩싸게 되는 것입니다. 그렇게 되면 어둠은 이야기의 피 속에 스며들고, 그 속에 있는 모든 명랑하고 화려한 말들을 무겁고 둔중한 음향으로 만들어, 마치 그것이 우리들 자신의 생명에서 우러나온 것같이 보이게 마련입니다.

옮긴이 약력

서울대학교 대학원 독문과 졸업
서울대학교 공과대학 및 교양학부 강사 역임
고려대학교 교수 역임

저 서
슈테판 츠바이크 ≪감정의 혼란≫(서문문고 172)
쉴러 ≪군도≫(서문문고 164)
토마스 만 ≪토마스 만 단편집≫(서문문고 34)
헤르만 헤세 ≪시집(詩集)≫

황혼의 이야기 〈서문문고 010〉

초판 발행 / 1972년 3월 5일
개정판 인쇄 / 2003년 3월 15일
개정판 발행 / 2003년 3월 25일
옮긴이 / 박 찬 기
펴낸이 / 최 석 로
펴낸곳 / 서 문 당
주소 / 서울시 마포구 성산동 54-18호
전화 / 322-4916~8 팩스 / 322-9154
창업일자 / 1968. 12. 24
등복일자 / 2001. 1. 10
등록번호 / 제10-2093
SeoMoonDang Publishing Co. 2001

ISBN 89-7243-210-5 ※ 잘못된 책은 바꾸어 드립니다

서문문고 목록

001~303
◆ 번호 1의 단위는 국학
◆ 번호 홀수는 명저
◆ 번호 짝수는 문학

001 한국회화소사 / 이동주
002 황야의 늑대 / 헤세
003 고독한 산책자의 몽상 / 루소
004 멋진 신세계 / 헉슬리
005 20세기의 의미 / 보울딩
006 가난한 사람들 / 도스토예프스키
007 실존철학이란 무엇인가/ 볼노브
008 주홍글씨 / 호손
009 영문학사 / 에반스
010 황혼의 이야기 / 쯔바이크
011 한국 사상사 / 박종홍
012 플로베르 단편집 / 플로베르
013 엘리어트 문학론 / 엘리어트
014 모옴 단편집 / 서머셋 모옴
015 몽테뉴수상록 / 몽테뉴
016 헤밍웨이 단편집 / E. 헤밍웨이
017 나의 세계관 / 아인스타인
018 춘희 / 뒤마피스
019 불교의 진리 / 버트
020 뷔뷔 드 몽빠르나스 / 루이 필립
021 한국의 신화 / 이어령
022 몰리에르 희곡집 / 몰리에르
023 새로운 사회 / 카아
024 체호프 단편집 / 체호프
025 서구의 정신 / 시그프리드
026 대학 시절 / 슈토름
027 태초에 행동이 있었다 / 모로아
028 젊은 미망인 / 쉬니츨러
029 미국 문학사 / 스필러
030 타이스 / 아나톨프랑스
031 한국의 민담 / 임동권
032 모파상 단편집 / 모파상
033 은자의 황혼 / 페스탈로치
034 토마스만 단편집 / 토마스만
035 독서술 / 에밀파게
036 보물섬 / 스티븐슨
037 일본제국 흥망사 / 라이샤워
038 카프카 단편집 / 카프카
039 이십세기 철학 / 화이트
040 지성과 사랑 / 헤세
041 한국 장신구사 / 황호근
042 영혼의 푸른 상흔 / 사강
043 러셀과의 대화 / 러셀
044 사랑의 풍토 / 모로아
045 문학의 이해 / 이상섭
046 스탕달 단편집 / 스탕달
047 그리스, 로마신화 / 벌핀치
048 육체의 악마 / 라디게
049 베이컨 수상록 / 베이컨
050 미뇽레스코 / 아베프레보
051 한국 속담집 / 한국민속학회
052 정의의 사람들 / A. 까뮈
053 프랭클린 자서전 / 프랭클린
054 투르게네프 단편집
    / 투르게네프
055 삼국지 (1) / 김광주 역
056 삼국지 (2) / 김광주 역
057 삼국지 (3) / 김광주 역
058 삼국지 (4) / 김광주 역
059 삼국지 (5) / 김광주 역
060 삼국지 (6) / 김광주 역
061 한국 세시풍속 / 임동권
062 노천명 시집 / 노천명
063 인간의 이모저모 / 라 브뤼에르
064 소월 시집 / 김정식
065 서유기 (1) / 우현민 역
066 서유기 (2) / 우현민 역
067 서유기 (3) / 우현민 역
068 서유기 (4) / 우현민 역
069 서유기 (5) / 우현민 역
070 서유기 (6) / 우현민 역
071 한국 고대사회와 그 문화 / 이병도
072 피사지에서 생긴 일 / 슬론 윌슨
073 마하트마 간디전 / 로망롤랑
074 투명인간 / 웰즈

서문문고목록 2

- 075 수호지 (1) / 김광주 역
- 076 수호지 (2) / 김광주 역
- 077 수호지 (3) / 김광주 역
- 078 수호지 (4) / 김광주 역
- 079 수호지 (5) / 김광주 역
- 080 수호지 (6) / 김광주 역
- 081 근대 한국 경제사 / 최호진
- 082 사랑은 죽음보다 / 모파상
- 083 퇴계의 생애와 학문 / 이상은
- 084 사랑의 승리 / 모옴
- 085 백범일지 / 김구
- 086 결혼의 생태 / 펄벅
- 087 서양 고사 일화 / 홍윤기
- 088 대위의 딸 / 푸시킨
- 089 독일사 (상) / 텐브록
- 090 독일사 (하) / 텐브록
- 091 한국의 수수께끼 / 최상수
- 092 결혼의 행복 / 톨스토이
- 093 율곡의 생애와 사상 / 이병도
- 094 나심 / 보들레르
- 095 에머슨 수상록 / 에머슨
- 096 소아나의 이단자 / 하우프트만
- 097 숲속의 생활 / 소로우
- 098 마을의 로미오와 줄리엣 / 켈러
- 099 참회록 / 톨스토이
- 100 한국 판소리 전집 /신재효,강한영
- 101 한국의 사상 / 최창규
- 102 결산 / 하인리히 빌
- 103 대학의 이념 / 야스퍼스
- 104 무덤없는 주검 / 사르트르
- 105 손자 병법 / 우현민 역주
- 106 바이런 시집 / 바이런
- 107 종교록,국민교육론 / 톨스토이
- 108 더러운 손 / 사르트르
- 109 신역 맹자 (상) / 이민수 역주
- 110 신역 맹자 (하) / 이민수 역주
- 111 한국 기술 교육사 / 이원호
- 112 가시 돋힌 백합/ 어스킨콜드웰
- 113 나의 연극 교실 / 김경옥
- 114 목녀의 로맨스 / 하디
- 115 세계발행금지도서100선 / 안춘근
- 116 춘향전 / 이민수 역주
- 117 형이상학이란 무엇인가 / 하이데거
- 118 어머니의 비밀 / 모파상
- 119 프랑스 문학의 이해 / 송면
- 120 사랑의 핵심 / 그린
- 121 한국 근대문학 사상 / 김윤식
- 122 어느 여인의 경우 / 콜드웰
- 123 현대문학의 지표 외 /사르트르
- 124 무서운 아이들 / 장콕토
- 125 대학·중용 / 권태익
- 126 시씨 남정기 / 김만중
- 127 행복은 지금도 가능한가 / B. 러셀
- 128 검찰관 / 고골리
- 129 현대 중국 문학사 / 윤영춘
- 130 펄벅 단편 10선 / 펄벅
- 131 한국 화폐 소사 / 최호진
- 132 시형수 최후의 날 / 위고
- 133 사르트르 평전 / 프랑시스 장송
- 134 독일인의 사랑 / 막스 뮐러
- 135 사서삼경 입문 / 이민수
- 136 로미오와 줄리엣 /셰익스피어
- 137 햄릿 / 셰익스피어
- 138 오델로 / 셰익스피어
- 139 리어왕 / 셰익스피어
- 140 맥베스 / 셰익스피어
- 141 한국 고시조 500선/ 강한영 편
- 142 오색의 베일 / 서머셋 모옴
- 143 인간 소송 / P.H. 시몽
- 144 불의 강 외 1편 / 모리악
- 145 논어 /남만성 역주
- 146 한여름밤의 꿈 / 셰익스피어
- 147 베니스의 상인 / 셰익스피어
- 148 태풍 / 셰익스피어
- 149 말괄량이 길들이기/셰익스피어
- 150 뜻대로 하셔요 / 셰익스피어
- 151 한국의 기후와 식생 / 차종환
- 152 공원묘지 / 이블린
- 153 중국 회화 소사 / 허영환
- 154 데미안 / 헤세
- 155 신역 서경 / 이민수 역주

서문문고목록 3

- 156 임어당 에세이선 / 임어당
- 157 신정치행태론 / D.E.버틀러
- 158 영국사 (상) / 모로아
- 159 영국사 (중) / 모로아
- 160 영국사 (하) / 모로아
- 161 한국의 괴기담 / 박용구
- 162 윤손 단편 선집 / 윤손
- 163 권력론 / 러셀
- 164 군도 / 실러
- 165 신역 주역 / 이기석
- 166 한국 한문소설선 / 이민수 역주
- 167 동의수세보원 / 이제마
- 168 좁은 문 / A. 지드
- 169 미국의 도전 (상) / 시라이버
- 170 미국의 도전 (하) / 시라이버
- 171 한국의 지혜 / 김덕형
- 172 감정의 혼란 / 쯔바이크
- 173 동학 백년사 / B. 웜스
- 174 성 도밍고섬의 약혼 / 클라이스트
- 175 신역 시경 (상) / 신석초
- 176 신역 시경 (하) / 신석초
- 177 베를레르 시집 / 베를레르
- 178 미시시피씨의 결말 / 뒤렌마트
- 179 인간이란 무엇인가 / 프랭클
- 180 구운몽 / 김만중
- 181 한국 고사조사 / 박을수
- 182 어른을 위한 동화집 / 김요섭
- 183 한국 위기(圍棋)사 / 김용국
- 184 숲속의 오솔길 / A.시티프터
- 185 미학사 / 에밀 우티쯔
- 186 한중록 / 혜경궁 홍씨
- 187 이백 시선집 / 신석초
- 188 민중들 반란을 연습하다 / 귄터 그라스
- 189 축혼가 (상) / 샤르돈느
- 190 축혼가 (하) / 샤르돈느
- 191 한국독립운동지혈사(상) / 박은식
- 192 한국독립운동지혈사(하) / 박은식
- 193 항일 민족시집 / 안중근외 50인
- 194 대한민국 임시정부사 / 이강훈
- 195 항일운동가의 일기 / 장지연 외
- 196 독립운동가 30인전 / 이민수
- 197 무장 독립 운동사 / 이강훈
- 198 일제하의 명논설집 / 안창호 외
- 199 항일선언·창의문집 / 김구 외
- 200 한말 우국 명상소문집 / 최창규
- 201 한국 개항사 / 김용욱
- 202 전원 교향악 외 / A. 지드
- 203 직업으로서의 학문 외 / M. 베버
- 204 나도향 단편선 / 나빈
- 205 윤봉길 전 / 이민수
- 206 다니엘라 (외) / L. 린저
- 207 이성과 실존 / 야스퍼스
- 208 노인과 바다 / E. 헤밍웨이
- 209 골짜기의 백합 (상) / 발자크
- 210 골짜기의 백합 (하) / 발자크
- 211 한국 민속약 / 이선우
- 212 젊은 베르테르의 슬픔 / 괴테
- 213 한문 해석 입문 / 김종권
- 214 상록수 / 심훈
- 215 채근담 강의 / 홍응명
- 216 하디 단편선집 / T. 하디
- 217 이상 시전집 / 김해경
- 218 고요한물방아간이야기 / H. 주더만
- 219 제주도 신화 / 현용준
- 220 제주도 전설 / 현용준
- 221 한국 현대사의 이해 / 이현희
- 222 부와 빈 / E. 헤밍웨이
- 223 막스 베버 / 황산덕
- 224 적도 / 현진건
- 225 민족주의와 국제체제 / 힌슬리
- 226 이상 단편집 / 김해경
- 227 심락산강 / 강무학 역주
- 228 굿바이 미스터 칩스 (외) / 힐튼
- 229 도연명 시전집 (상) / 우현민 역주
- 230 도연명 시전집 (하) / 우현민 역주
- 231 한국 현대 문학사 (상) / 전규태
- 232 한국 현대 문학사 (하) / 전규태
- 233 말테의 수기 / R.H. 릴케

서문문고목록 4

- 234 박경리 단편선 / 박경리
- 235 대학과 학문 / 최호진
- 236 김유정 단편선 / 김유정
- 237 고려 인물 열전 / 이민수 역주
- 238 에밀리 디킨슨 시선 / 디킨슨
- 239 역사와 문명 / 스트로스
- 240 인형의 집 / 입센
- 241 한국 골동 입문 / 유병서
- 242 토마스 울프 단편선 / 토마스 울프
- 243 철학자들과의 대화 / 김준섭
- 244 파리시절의 릴케 / 버틀러
- 245 변증법이란 무엇인가 / 하이스
- 246 한용운 시전집 / 한용운
- 247 중론송 / 나아가르쥬나
- 248 알퐁스도데 단편선 / 알퐁스 도데
- 249 엘리트와 사회 / 보트모어
- 250 O. 헨리 단편선 / O. 헨리
- 251 한국 고전문학사 / 전규태
- 252 정을병 단편집 / 정을병
- 253 악의 꽃들 / 보들레르
- 254 포우 걸작 단편선 / 포우
- 255 양명학이란 무엇인가 / 이민수
- 256 이육사 시문집 / 이원록
- 257 고시 십구수 연구 / 이계주
- 258 안도라 / 막스프리시
- 259 병자남한일기 / 나만갑
- 260 행복을 찾아서 / 파울 하이제
- 261 한국의 효사상 / 김익수
- 262 갈매기 조나단 / 리처드 바크
- 263 세계의 사진사 / 버먼트 뉴홀
- 264 환영(幻影) / 리처드 바크
- 265 농업 문화의 기원 / C. 사우어
- 266 젊은 처녀들 / 몽테를랑
- 267 국가론 / 스피노자
- 268 임진록 / 김기동 편
- 269 근사록 (상) / 주희
- 270 근사록 (하) / 주희
- 271 (속)한국근대문학사상/ 김윤식
- 272 로렌스 단편선 / 로렌스
- 273 노천명 수필집 / 노천명
- 274 콜롱바 / 메리메
- 275 한국의 연정담 / 박용구 편저
- 276 심현학 / 황산덕
- 277 한국 명창 열전 / 박경수
- 278 메리메 단편집 / 메리메
- 279 예언자 / 칼릴 지브란
- 280 충무공 일화 / 성동호
- 281 한국 사회풍속야사 / 임종국
- 282 행복한 죽음 / A. 까뮈
- 283 소학 신강 (내편) / 김종권
- 284 소학 신강 (외편) / 김종권
- 285 홍루몽 (1) / 우현민 역
- 286 홍루몽 (2) / 우현민 역
- 287 홍루몽 (3) / 우현민 역
- 288 홍루몽 (4) / 우현민 역
- 289 홍루몽 (5) / 우현민 역
- 290 홍루몽 (6) / 우현민 역
- 291 현대 한국시의 이해 / 김해성
- 292 이효석 단편집 / 이효석
- 293 현진건 단편집 / 현진건
- 294 채만식 단편집 / 채만식
- 295 삼국사기 (1) / 김종권 역
- 296 삼국사기 (2) / 김종권 역
- 297 삼국사기 (3) / 김종권 역
- 298 삼국사기 (4) / 김종권 역
- 299 삼국사기 (5) / 김종권 역
- 300 삼국사기 (6) / 김종권 역
- 301 민화란 무엇인가 / 임두빈 저
- 302 무정 / 이광수
- 303 야스퍼스의 철학 사상 / C.F. 윌레프
- 304 마리아 스튜아르트 / 쉴러
- 306 오를레앙의 처녀 / 쉴러
- 309 한국의 굿놀이(상) / 정수미
- 310 한국의 굿놀이(하) / 정수미
- 311 한국풍속화집 / 이서지
- 312 미하엘 콜하스 / 클라이스트
- 314 직조공 / 하우프트만
- 316 에밀리아 갈로티 / G. E. 레싱
- 318 시몬 마샤르의 환상 / 베르톨트 브레히트
- 321 한국의 꽃그림 / 노숙자

010

SEOMOONDANG PUBLISHING CO.